KB265081

연봉제 실무 체크포인트

양재모

코페하우스

머리말

연봉제 실태조사 보고서(노동부 2008)를 보면 조사기업 50% 이상이 연봉제를 도입하고 있다고 답변하고 있다. 특히 규모가 큰 기업일수록 연봉제를 시행하고 있다고 조사되었다. 이렇게 많은 기업이 연봉제를 앞다투어 도입하는 이유는 무엇일까? 이는 연봉제가 기업경쟁력을 향상시키는 장점이 있기 때문이다.

으리나라의 산업구조 및 근로자의 직무형태가 근로시간과 임금이 비례하는 예도 있으나 근로시간과 무관하게 성과에 따라 임금을 결정해야 하는 경우도 많이 있기 때문이다. 제조업의 생산직, 서비스업의 시급직과 같이 근로시간과 생산량이 비례하는 직무는 시급직, 월급직, 일당직의 임금형태가 바람직할 것이다.

그러나 근로시간과 비례하지 않는 영업직, 전문직, 관리직 등은 근로시간에 따른 임금보다는 성과와 결과에 따른 임금을 지급하는 것이 합리적이고 그 같은 임금형태로 연봉제를 적용하는 것이 근로자의 동기부여로 이어져 기업의 생산성이 높아지기 때문이다.

따라서 사업주로서는 업종과 직종에 따라 연봉제를 시행하면 성과에 따라 임금을 지급하게 되므로 기본연봉은 최소화하고 성과연봉을 극대화하여 더 높은 성과 결과를 얻으려 할 것이다. 이 같은 사업주의 지나친 이익추구를 견제하기 위한 수단이 노동법적으로 필요하다 할 것이다.

연봉제는 시급제, 일급제, 월급제, 도급제 등과 같이 하나의 임금

4 연봉제 실무 체크포인트

제도로 근로자의 임금결정에서 단기적 평가가 1년간의 평가 결과에 따라 임금을 지급하게 되고 같은 직장 내 동료근로자와 비교하여 임금이 차등지급하게 되므로 조직원들이 수용할 수 있는 평가기준 마련이 전제되지 않는 한 직원들 간의 갈등을 증폭시키는 제도가 될 수 있다.

또한, 현 근로기준법상 연봉제를 도입할 수 있는 법적 토대가 부족한 현실에서 지나치게 앞서가는 연봉제 도입은 오히려 통상임금을 상승시켜 부가급여 부담을 가중시킬 수 있으며, 연봉직이라고 시간외수당을 지급하지 않아 법위반 문제가 발생할 수 있다. 특히 연봉제는 마치 퇴직금이 연봉에 포함되는 것으로 오인하여 퇴직금을 지급하지 않아서 체불 문제가 발생하고 있다.

연봉제는 임금제도의 한 유형으로 합법적인 연봉제를 통해 조직원들 간의 건전한 경쟁을 통해 생산성을 향상하는 방향으로 운영되어야 한다. 따라서 연봉제 도입에서 다음과 같은 사항을 종합적으로 검토하여 연봉제를 설계해야 한다.

첫째, 근로시간과 임금이 비례하지 않은 직무에 해당하는지를 판단하고 생산직, 교대근무 직종을 피하고 영업직, 관리직, 전문직 등을 대상으로 하는 것이 바람직하다.

둘째, 기본임금 구조를 가지고 어디까지를 기본연봉으로 하고 어디까지를 성과연봉으로 할 것인지? 성과연봉은 개별성과 보상과 집단성과 보상으로 어떻게 나눌 것인지? 임금구조를 단순화할 경우 통상임금 증가로 이어져 연봉제 도입이 임금상승 결과로 이어질 수 있음을 유념해야 한다.

셋째, 기존 호봉제에서 연봉제 전환은 근로조건 중 가장 중요한 임금의 변경으로 설령 연봉전환기준이 플러스방식이라 할지라도 근로조건 변경에 대한 법적 절차를 이행하는 것이 필수적으로 노조가 있으면 노동조합의 동의와 무노조 기업에서는 연봉제 적용 근로자 과반수의 동의절차가 필요하다.

다섯째, 연봉의 결정에서 공정한 평가는 연봉제도의 성패를 좌우할 수 있는 중요한 기준으로 공정하고 합리적인 평가기준을 마련하고 이를 평가할 수 있는 직무분석, 평가지표, 평가자교육 등이 필요하다. 이외에도 연봉테이블, 연봉계약서, 연봉동의서, 연봉비밀준수약정, 연봉운영규정, 평가규정 등이 있어야 한다.

연봉제는 근로자들이 가장 민감하게 받아들이는 임금에 대한 변화로 이를 도입하기 전 충분한 사전준비와 계획이 마련되어야 하며 조직원들에게 연봉제 도입의 필요성에 공감할 수 있는 충분한 설명이 필요하다. 또한, 제도는 일시에 전 직원에게 적용하기보다는 관리자, 또는 일부조직에 적용하고 점진적으로 확대하는 것이 바람직하다.

끝으로 연봉제 설계와 운용 체크포인트 개정판을 내는데 물심양면으로 도움을 주신 KOFE 강석원 소장님과 교정에 도움을 준 방정선 노무사님에게 감사드립니다.

2009. 10. .

양재모

차 례

4 장   연봉제 도입 체크포인트   59

5 장   연봉제 설계 체크포인트   79

6 장 · 연봉제 운용 체크포인트 99

7 장 · 연봉제 설계와 운용 사례 129

8 장 · 연봉제 관련 규정 등 사례 149

1장

연봉제의 이해

1. 연봉제의 의의

연봉제란 '개개인의 실적, 능력, 공헌도 등을 평가한 결과를 토대로 년(年) 단위의 계약에 의해 임금액을 결정하는 임금지급 체계'라고 정의할 수 있다. 연봉제는 년 단위로 임금을 산정한다는 점에서는 시급제, 일급제, 월급제 등과 같은 일종의 임금지급 형태이지만, 업무수행능력의 평가를 통해서 결정된다는 점에서는 능력주의 임금체계이다.

기존의 연공서열 임금체계에서는 매년 호봉승급이 이루어져 성과에 관계없이 임금상승이 자동으로 이루어지지만, 연봉제에서는 "개인의 업적과 능력에 대한 평가"를 기초로 하여 매년 임금의 변동이 있을 수 있다는 것을 핵심으로 하는 임금제도이다.

임금인상 측면에서 보면 연공급이 근속에 따라 자동으로 승급되는 비평가 승급이라면, 연봉제는 평가 성적에 따라 임금이 인상된다는 점에서 구별되며, 연봉제와 비슷한 고과승급제는 기본급은 연공승급을 하고 능력급은 고과에 따라 차등지급 된다는 면에서 연봉제와 비슷하나 연봉제의 경우 평가 결과에 따라 전년도 연봉금액보다 낮아질 수 있다는 면에서 차이가 있다.

성과보수(incentive)제도의 경우 근로자의 평가에 따른 개별보상과 사업부별, 부문별 성과목표를 설정하고 목표달성 여부에 따라 집단 보상으로 나누어 소속된 근로자들에게 모두 지급하는 성과급으로 개별고과승급제와 차이가 있다.

호봉제와 연봉제 비교

구 분	호봉제	연봉제
임금인상 기준	base up	개인, 업적, 능력
평가반영	승진, 승격	승진, 승격, 임금
이론적 변경	균등성	공정성
임금관리	획일성	개별성
조직문화	정체성	역동성

* 김승묵, 연봉제도입 선행요인 및 효과성에 관한 연구」, 2004.8.

연봉제 도입은 1995년 대법원의 포괄임금 판결이 결정적 계기가 되었고, IMF 경제위기로 기업의 대외경쟁력이 약화 되면서 경쟁력 강화를 위한 새로운 보상체계의 도입 필요성이 대두하였으며 많은 기업이 직무의 내용과 성과가 개인의 보수에 연결되는 임금체계를 찾게 되었고 이에 가장 근접한 임금제로 연봉제를 선호하게 되었다.

또한, 우리나라 기업의 임금체계가 기본급 인상 억제 목적으로 지나치게 많은 수당의 신설로 말미암아서 복잡한 구조를 지니다 보니 임금관리의 단순화를 통한 효율성을 높일 목적으로 연봉제를 선호하는 성향을 보이기 시작했다. 특히 IMF 시기에 많은 벤처기업이 등장하면서 인적자원의 유동성이 활발해지고 파격적인 인사기용,

유능한 인력의 확보 및 유지문제가 대두하기 시작하자 이를 해결하려는 방안으로 연봉제를 선호하기 시작했다. 연봉제는 업적 및 능력주의를 강화하고, 임금의 유연성 확보, 연공임금문제 해소와 함께 임금체계 및 임금관리의 간소화를 목적으로 도입되었다.

그러나 연봉제를 도입한다고 해서 항상 종업원들의 생산성 향상 및 근로 동기를 부여할 수 있고 기업의 성과가 향상되는 것은 아니며 연봉제는 사업주가 업종, 직무, 조직의 특성, 근로환경 및 경영전략에 따라 다르게 다양한 형태로 도입되어야 한다.

연봉제 도입에 성공한 기업의 특성은 근로자들이 연봉평가에 대한 만족도가 높고 연봉결정 방식이 개별보상(업적연봉)과 집단보상(인센티브, PI, PS)체제를 적절히 병합한 한국형 연봉제를 도입한 기업이며 연봉제가 기업문화에 맞지 않으면 실패할 가능성도 있다.

2. 연봉제의 필요성

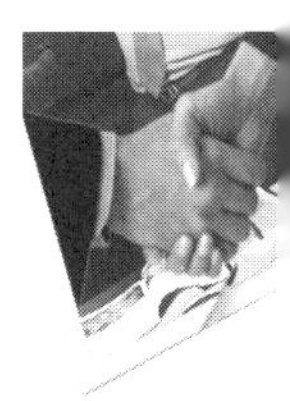

연봉제 도입의 결정적 계기가 된 것은 1995년 대법원의 포괄임금제 인정과 IMF 경제위기라고 할 수 있다. IMF 시대에 우리 기업의 대외경쟁력이 약화 되면서 경쟁력 강화를 위한 새로운 임금체계의 도입 필요성이 대두하였다. 지금까지의 임금체계는 조직의 안정성과 장기근속을 유도하기 위한 연공급으로서 직무의 내용과 성과가 개인의 보수에 연결되지 않으므로 동기부여가 미흡한 실정이었다.

또한, 우리 기업의 임금체계가 노사협상을 거치면서 지나치게 많은 수당의 신설로 말미암아서 복잡 다양한 구조를 지녀, 보다 단순화하여 임금관리의 효율성을 높일 필요성이 제기된다.

특히 IMF 시기를 거치면서 파격적인 인사기용, 유능한 인력의 확보 및 고비용 인력의 퇴출이 대두하기 시작하였다. 이를 해결하려는 방안으로 주요 대기업 및 벤처기업들이 연봉제를 도입하기 시작했다.

종합적으로 볼 때 연봉제는 업적 및 능력주의를 강화하고, 임금의 유연성 확보, 고령화 및 연공임금문제 해소와 함께 임금체계 및 임금관리의 간소화를 목적으로 도입의 필요성이 제기되었다.

이러한 목적으로 도입된 시작한 연봉제는 자기 기업에 적합하게 설계해야만 성공할 수 있다. 모든 기업이 연봉제를 도입한다고 해서 항상 종업원들의 동기를 부여할 수 있고, 기업의 성과가 향상되는 것은 아니므로 연봉제는 기업의 조직구조 환경 및 전략, 업종에 따라 다르게 적용되어야 한다.

대부분의 우리 기업들은 미국이나 일본의 선진기업들이 채택하는 연봉제의 형태를 그대로 도입하려는 경향이 있으나 선진기업들의 연봉제는 각국의 근로계약에 대한 노사간의 기본적인 인식차이뿐만 아니라 직무의 개념과 업무수행 관행 및 평가상 특수성을 반영하고 있기 때문에 이러한 시도는 우리의 정서와 환경에 맞지 않아 실패할 우려가 크다.

미국·일본 연봉제 비교

구분	평가 시스템 관행	연봉액 변경	인건비 억제 의도	배경
미국형	① 개인 목표달성도 ② 평가의 합의·서명을 구함	① 대폭 인상가능 ② 대폭 감봉가능	① 경우에 따라 의도적 ② 비연봉자와는 별도운영	① 계약 사회 ② 성과 대가 임금 ③ 개인 업무 할당
일본형	① 담당업무 업적의 공헌도 ② 추상적 평가항목	① 최악의 경우 전년연봉 ② 추계임금 인상률 ③ 최고 인상률 10%	① 억제의도 없음 ② 비연봉자의 평균 인건비에 준함	① 종신고용 ② 연령기준 생활급 ③ 집단적 업무수행

* 신철우 「성공적인 연봉제 도입방안」

3. 연봉제의 장단점

1 연봉제의 장점

연봉제는 근속과 임금이 비례하는 기존 임금체계를 부정하고 성과와 임금이 비례하는 임금체계로 성과목표 설정 및 평가에 대한 명확한 기준 설정을 전제로 하는 임금제도로 근로자로 하여금 성과주의 임금제도가 근로 동기를 부여하고 관리자의 책임경영을 가능하기 하여 기업의 생산성을 높이고 경쟁력을 강화시키는 장점이 있다.

1) 개별평가에 의한 성과급

임금 결정에서 발전단계 및 결정방식을 보면 연령·성별·근속연수 등 개인적인 속성으로 이루어지는 연공급에서 출발하여, 업무 수행한 성과의 결과에 따라 임금이 결정되는 성과급으로 발전하며, 최종적으로 업무 수행하는 직무의 특성에 따라 임금이 결정되는 직무급에 이르게 된다. 연봉제는 단체협약에 의해서가 아니라 근로자와 사업주 간의 개별계약으로 이루어지며, 우리나라는 개인 성과에 따른 개별성과 보상과 부문별, 부서별 성과에 따른 집단보상 성과가 지급되며, 개인 성과를 평가할 때 성과 외에 능력이나 공헌도를 포함하는 예도 많다. 즉, 개인이 받는 연봉총액의 결정은 일정기간 관찰된 성과와 능력에 기초한 평가로 이루어지며 단순히 임금을 통산 1년 단위로 산정하는 총액 개념을 떠나서 개별평가에 따른 임금체계로 생산성 향상 및 동기유발의 효과를 기대할 수 있다.

2) 동기유발과 업무목표의 달성

연봉제는 미래의 성과가 높아질 것을 기대하는 동기부여형 임금체계로 능력과 실적이 임금과 직결되어, 노력하면 노력한 만큼 대가가 따른다는 기대감을 제공하는 임금체계이므로 철저한 능력·실적주의로 근로자들에게 동기부여를 함으로써 계속 의욕적으로 근무할 수 있게 한다. 또한, 연봉제는 자신의 능력과 업적이 곧 임금으로 표현된다는 생각 때문에 자기 책임하에 업무를 수행함에 따라 능력발휘를 위한 사기앙양으로 연결되어 업무 목표달성이 가능하다는 장점을 갖고 있다.

3) 우수 인재의 확보

기존 호봉 체계의 임금 구조에서는 근속, 학력, 경력에 따라 임금이 결정되어 신규인력을 확보하는데 제한적일 수밖에 없으나 연봉제는 새로운 경영환경에 알맞은 관리자, 전문직 종사자, 특수기능 보유자 등 필요한 우수 인재의 확보가 가능하며 능력과 성과에 따라서 보수수준이 결정되기 때문에 능력위주의 인사기용이 쉽다.

4) 책임경영 및 경영감각의 배양

연봉제 시행 대상자는 일차적으로 간부직, 전문직 등으로 상급화와 특수직화 되고 있다. 이는 연봉제가 능력향상을 위한 동기부여와 아울러 책임감을 부여하고 있음을 보여준다. 간부직은 근로자의 업무성과가 경영에 미친 영향을 파악하여 객관적인 인사고과를 위해 경영을 이해하고, 책임 있는 고과를 하여야 한다. 본인의 책임하에 목표에 대한 기준을 설정하고 근로자 관리를 통해 목표달성 노력에 경주할 수 있게 하여 경영에 대한 책임감과 경영 감각을 배양할 수 있다.

5) 임금관리의 용이

복잡한 임금 체계하에서 급여, 제 수당, 상여 등이 총액산출의 근간이 되기 때문에 단순화된 보수체계를 유도할 수 있다. 따라서 연봉제를 도입하면 복잡한 임금체계의 간소화로 임금구조를 단순화시켜 임금 관리가 쉬워지므로 임금관리의 효율성이 증대된다. 그러나 현행 근로기준법하에서는 임금의 단순화가 통상임금의 극대화로 이어져 기업의 임금부담을 가중시킬 수 있는 점도 있어 연봉제에서의 임금의 단순화는 장점이자 단점이 될 수 있다.

6) 노사일체감의 형성

연봉산출을 위한 기준 적용범위 등에 대한 근로자들의 참여로 새로운 노사문화를 창출할 수 있다. 또한, 개별 성과를 토대로 연봉산출을 하므로 목표수립과 실적, 기여도 등을 평가하면서 상사와 부하 근로자 간의 꾸준한 의사소통으로 노사일체감이 형성된다.

❷ 연봉제의 단점

연봉제는 임금체계를 단순히 하고자 하는 것이 아니고 지금까지 임금을 일률적이고 통일적으로 인상하던 것을 개인의 성과에 따라 개별인상으로 전환하는 것으로 이는 우리나라의 전통적인 유교적 가치관과 다른 서구적 가치관인 능력과 성과위주의 보상체계로 전환하는 과정에서 근로관계의 갈등적인 요소를 포함하고 있어 몇 가지 문제점이 제기되고 있다.

1) 평가의 신뢰성 부족

연봉제 이전의 인사고과는 임금에 거의 반영이 되지 않고 승진 승격에만 주로 반영되었다. 또한, 인사고과의 결과가 당사자에게 투명하게 공개되지 않았다. 그러나 연봉제에서 개인이 받는 연봉총액의 결정은 평가로 이루어지므로 평가의 정확성과 공정성이 매우 중요한 과제이며, 평가가 연봉제의 성공적 운영을 결정짓는 가장 핵심적인 요소이다. 평가의 공정성 및 객관성이 문제 되면 근로자의 근로의욕을 오히려 떨어뜨리고 연봉의 신뢰성에 불신을 갖게 될 수 있다. 따라서 근로자들 간의 불협화음이 증폭되어 근로의욕을 저하하는 결과를 가져올 수 있다.

2) 팀워크의 분산과 과다한 경쟁심

연봉제는 개별임금관리기법으로 업무능력과 실적에 치중한 업무 성과위주의 보상체계로 근로자 간의 업무 협조성이 떨어진다. 근로자들 간의 불필요한 경쟁심을 유발하여 위화감이 조성되고 팀워크(Team Work)가 깨질 우려가 있으며, 우리나라 기업의 전통적인 장유유서 의식과 선임자우대 원칙과 배치되어 노사갈등의 원인이 되기도 한다.

3) 단기 실적에 치중

연봉제에서 평가가 전년도 실적을 기준으로 연봉을 결정함에 따라 단기적이고 가시적인 실적 향상에만 치중할 우려가 있다. 특히 영업부문의 경우 단기실적에 치중하여 매출은 증대되나 수금률 또는 부도율이 증가하여 회사 전체로는 마이너스 효과를 가져 올 수도 있으며, 연구개발부문에서 연구원들이 장기적이고 기초적인 과제보다 단기적인 과제를 선호할 때 원칙기술 개발보다는 가시적 상품개발에만 치중하여 장기적으로 기업 경쟁력을 약화시킬 가능성이 있다.

4) 연봉 증감의 충격

호봉제, 능력급제, 인센티브제 등의 임금제도에서는 최소한 전년도 임금보다 밑도는 임금을 받게 되는 경우는 없었으나, 연봉설계

방향에 따라 연봉평가 반영률을 마이너스(-) 비율을 반영하여 전년도 연봉보다 감액될 수도 있다. 이 경우 해당 근로자의 불만과 함께 종업원들의 사기를 저하할 우려가 있다.

5) 연봉 비밀 보장성의 한계

우리나라 많은 기업이 임금을 내부에서 관리하고, 근로자들 간의 동료의식에 강해 서로의 사적 부분에 대해 이야기하는 것에 익숙해 있어 사용자가 개인연봉 누설에 대해 인사상 불이익을 주겠다고 강조해도 아직은 연봉에 대한 비밀보장이 이루어지고 있지 않아 연봉 평가자와 피평가자 간의 갈등의 원인이 되고 있다.

연봉제 장단점의 비교

장점	단점
• 조직 활성화와 동기유발, 도전정신 함양 • 우수 인재 확보 가능 • 임금관리 용이 • 상하 간 커뮤니케이션의 원활화 • 인당 생산성 향상, 경쟁력 강화 • 인건비 관리용이 • 공정한 평가 가능 • 업적에 상응한 개별관리 • 경영의식의 고양	• 평가기준 선정 및 평가의 어려움 • 결과 중시, 단기적 성과 치중 우려 • 경쟁 심화, 위화감 조성 우려 • 연봉 감액 시 사기저하 • 성심과 헌신성 약화 • 실패를 우려 • 신규 채용자의 적용 어려움 • 부하육성의 경시 • 화이트칼라의 의욕저하

* 김환일, 「노동경제연구원」, 경총

2장

연봉제의 유형과 특징

1. 우리나라 연봉제의 유형

연봉제에 대한 정의는 학자에 따라 다양하나, '임금의 전부 또는 상당 부분을 근로자의 능력·실적 및 공헌도 등을 평가하여 년 단위로 결정하는 제도'로 정의할 수 있다. 기업의 업종, 종업원의 직종에 따라 복잡한 임금구조를 단순화한 연공형 연봉제를 운용하는 사용자가 있는가 하면 호봉임금체계에서 상여금만을 개인의 성과에 따라 차등지급하는 성과가급형(成果加給形) 연봉제를 도입하여 운영하는 기업도 있다.

1990년대 후반에 연봉제를 조기에 도입한 기업은 연봉을 기본연봉과 성과(업적)연봉으로 구분하여 성과연봉은 개인 고과에 따른 개별성과 연봉과 부문별 또는 부서별 집단성과에 따른 집단보상 연봉으로 지급하고 있다.

집단보상 연봉에는 6개월 단위로 생산성 목표 달성 여부에 따라 지급되는 생산성 격려금(PI : Productivity Incentive)과 1년 단위 이익목표를 설정하고 이를 초과하여 달성할 때 지급하는 초과이익 분배금(PS : Profit Sharing)으로 구분하여 지급하는 혼합형 연봉제를 시행하는 등 그 배분비율 결정기준에 따라 다시 다양한 유형으로 구분할 수 있다.

연봉제 유형

구분	기 본 급(기본연봉)	업적급(성과연봉)
연수형	성과에 따른 개인별 차등 없이 기존의 기본급, 수당, 상여금을 통합하여 단순화시킨 형태	
성과가급 (Merit Bonus)	직급·직능별 동일인상률 적용	비누적방식으로 개인별 지급
혼합형	현재의 기본급을 기준으로 업적에 따라 개인별 인상률적용	비누적방식으로 개인별 지급
순수성과급 (Merit Pay)	기본급·업적급 구분 없이 전체에 대하여 개인별 인상률 적용	

*노동부「연봉·성과배분제 실태조사 결과」

1) 연공급형 연봉제

성과에 따른 개인별 차등이 없이 기존의 기본급, 수당, 상여금을 통합하여 단순화시키고 1/12 방식으로 지급하는 형태로 연봉제라 기보다는 복합한 수당체계를 없애고 상여금까지도 포함하여 월 급여지급액을 높인 형태이다. 통상임금이 증가하는 문제점은 있으나 근로자들과 노동조합에는 월 급여의 상승으로 매우 선호하는 연봉 형식이라 할 것이다.

2) 성과가급형 연봉제

기본연봉은 직급별 동일 인상률을 적용하며 성과(업적) 연봉에 대해서는 비 누적방식으로 개인별 고과에 따라 차등 지급하는 형태로 성과연봉에 대해서는 지급시기를 별도로 정하여 3개월마다 지급하는 1/16 방식, 짝수 달에 지급하는 1/18, 상반기 250% 하반기 250% 추석 설 명절 100%를 지급하는 방식 등 기업마다 다양한 형태의 지급방식이 있다.

3) 혼합형 연봉제

현재의 기본연봉을 기준으로 업적에 따라 개인별 인상률을 적용하는 형식으로 개인에 업적에 따른 성과(업적)연봉을 별도로 지급하는 형태를 말한다. 이때 성과연봉은 두 가지 형태로 나누어 개인 성과에 따른 보상과 집단성과에 따른 보상(PI :생산성격려금, PS : 초과이익분배금)으로 나누어 개인 성과는 대부분은 매월 지급하고 집단성과는 생산성 격려금은 반기 1회, 초과이익 분배금은 연 1회 지급하는 방식을 말한다.

우리나라 기업별 연봉형태

도입 시기	두산 1994	대상 1995	효성 1997	SK 1998	삼성 1998	LG전자 1999
연봉구성	기본연봉 성과가급	기본급 능력급 성과급	연공급 직무급 능력급 업적급	개인연봉 인센티브	기본급 능력급 인센티브	기본연봉 개인업적 집단업적
제수당	연월차 저축 자격 휴가	연월차 가족 자격 근속 식대 OT	연월차 직책	연월차	연월차 자격	시간외 연월차
Base-up	×	○	○	×	○	○
플러스섬	○	○	×	○	×	○
누적여부	○	○	×	○	×	○
지급방법	1/12 (성과가급 1회)	1/18 (성과가급 별도)	1/16 (추석상여 별도)	1/20	1/12 (귀성비 별도) PS	1/20 성과급 별도
적용대상	과장이상	대졸이상	대졸이상	차장이상	과장이상	전 사원
직무분석	▲	▲	▲	▲	▲	▲
MBO 방식	○	○	○	○	○	○

* 김환일, 「노동경제연구소」, 2002.10.10

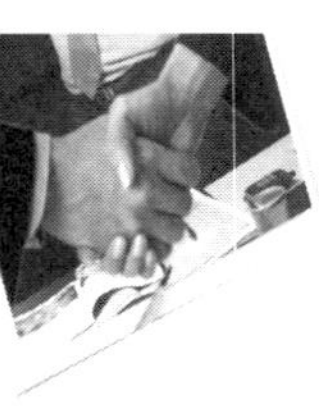

2. 미국 연봉제의 특징

❶ 미국 연봉제의 이해

미국의 연봉제는 1912년 Larkin Company에서 시작되어 2차 대전이후 인사평가제도가 정착되면서 급속이 확대된다. 미국 연봉제의 특징은 노동시장에서 결정된 직무급에 개인의 고과를 반연한 성과급 합해 연봉을 결정하며, 결정된 연봉은 1/12일 나누어 매월 지급된다. 따라서 미국에서 매월 급여를 받는 근로자로 일반적으로 salary-men이라 한다.

미국의 1938년 제정된 연방근로기준법(Fair Labor Standard Act)은 시간외수당(Overtime) 을 받는 직종과 받지 못하는 직종(Exempt)을 명시하고 전장의 경우 시간급에 따라 임금이 결정되는 생산직, 시급직, 교대직 등이 해당되며 임금도 주급으로 직된다. 그러나 후자와 같이 근로시간과 임금이 상관관계가 없는 직종인 전문직, 관리직, 사무직의 경우 성과결과에 따라 연봉이 결정되는 임금구조를 가지고 있다.

미국의 연봉제 적용대상

구 분	Exempt Employee	Non-Exempt Employee
O/T 수당	O/T수당 미적용	O/T 수당 적용
임금체계	직무급	직무급
임금지급형태	월급제, 연봉제	시간급제
연봉지급대상	Supervisor 일부 Manager 일부 전문직 일부 영업 간부 전원	–
연봉삭감	강등에 의한 삭감 발생	–
연봉결정권자	담당부장	–
인사평가	질적 평가(정성적 평가)	양적 평가(정량적 평가)
임금설정기준	전국 노동시장	지역 노동시장

　　미국의 연봉결정 방식을 보면 개개인별로 직무분석을 통해 직무의 중요도와 자격요건을 결정하고 직무를 수행한 결과에 따라 직급별 연봉 인상율을 차등하며, 5단계의 평가결과를 통해 연봉 인상율을 달리한다. 특히 연봉평가 인상분외 특별보너스제도를 통해 개별 인센티브를 지급한다.

미국의 연봉결정 방식

division	Exceptional	Exceeds Expectations	Meets Exceptions	Needs Improve	Unsatis-factors
Manager	7.0	5.25	3.5	1.75	0
Assistant Manager	7.0	5.25	3.5	1.75	0
Engineer Cordinator	6.0	4.5	3.0	1.5	0

* 김환일 「연봉제의 이해와 미국·일본·한국 연봉제의 특성 비교」 한국경영자총협회, 2002

미국에서 연봉제 적용 대상은 직무가 근로시간과 무관하고 단시간에 그 결과를 판단할 수 없는 직무에 근무하는 대상자를 대상으로 연봉제를 실시하고 있으며, 연봉제 해당 직무에 대해서는 철저한 직무분석을 통해 업무의 중요도를 구분하고 그 직무를 수행하기 위해 필요한 자격요건을 제시하고 있다. 따라서 연봉제를 도입하기 전 반드시 직무분석이 선행되어야 하며 그 직무에 맞는 연봉 근로자를 채용하여 해당 연봉직 직원의 개인 능력에 따라 연봉을 매년 결정하게 된다. 평가에 대한 공정성과 객관성을 담보할 수 없기 때문에 연봉에 대한 철저한 비밀보호를 통해 연봉차등 지급에 따른 조직원들 간의 갈등문제를 최소화한다.

② 미국 기업의 연봉제 시행 단계

미국의 연봉제 시행 단계를 이해하려면 미국에서 임금이 결정되는 과정을 이해하는 것이 우선되어야 한다. 일반적인 임금결정의 과정을 크게 4단계로 구분할 수 있다. 1단계로 직무분석 및 직무평가를 통해 직무의 상대적 가치를 결정함으로써 내부적으로 공정성 및 일관성을 유지한다. 2단계로 동종 타사의 임금수준, 체계 등을 조사하여 외부공정성 및 외부경쟁력을 확보한다. 3단계로 종업원 업적, 고과를 평가하여 근로자 공헌도에 의하여 임금을 지급한다. 4단계로 계획예산, 의사소통, 평가 등의 임금관리 비용을 최소화한다. 이들 단계를 거쳐 업적주의, 고객중심, 인건비 절감을 통한 효율적이고, 공평한 임금관리를 목표로 한다.

1) 직무분석

기본적으로 해당 부서의 직속 관리자는 이미 분석, 평가된 그 부서에 속한 직무를 관장하고, 또 산하 관장 직무에 변화가 생기거나 새로운 직무가 창출되었을 때는 이를 분석할 의무와 책임이 있다. 이는 직무평가를 위한 기본단계이기도 하며 이를 위해 관리자들이 고려해야 할 점은 직무의 목적(Purpose of Job), 필요한 기술 및 기능(Techniques and Skills), 직무의 의무 및 책임(Duties and Responsibilities), 직무수행 방법(How is Perform), 직무에 대한 예외성(What is Unusual about Work) 등과 같은 요소이다.

2) 직무기술

직무분석의 다음 단계는 직무(Job)와 직위(Position)에 대한 기술서를 작성하는 것으로, 직무기술서에 포함되는 내용은 다음과 같다. 직무의 목적에 대한 간단한 설명(Position Concept), 직무책임의 중요도에 따른 우선 순서화(Significant Responsibilities of the Job in Priority Sequence), 여러 분야로 세분화된 직무에 대한 의무 및 책임에 대한 설명(직무명세서: Specification of the Job) 이렇게 작성된 직무기술서는 작성일자를 기록하고 서명을 한 후 직무평가(Job Evaluation)를 위하여 인사부의 급여담당자에게 제출된다.

3) 직무평가

내부적인 일관성을 유지하기 위해 직무평가는 인사부의 급여담당자가 행하며 여러 직무의 상대적 가치를 결정한다. 직무평가의 첫 번째는 우선 직무의 성격이 초과 근무수당의 지급기준에 해당하는지를 결정하는 소위 초과 근무수당 지급의 예외(Exempt), 초과 근무수당 지급대상(Non-Exempt)에 대한 분류인데, 이러한 분류를 기준으로 평점화한 다음 이러한 평점의 총 합계를 가지고 해당 직무의 급여등급(Salary Level)을 결정한다. 다음으로는 내부적인 일관성을 좀 더 확보하기 위한 목적으로 잘 알려진 특정한 직무(Benchmark Jobs)와 대비시켜 평가하는 작업을 거친 후 조직 상층부의 검토를 거쳐서 최종적으로 직명(Title), 직위번호 및 급여등급을 부여한다.

4) 직무분류

관리자는 직무분석의 다음 단계로서, 근로자들을 직무에 따라 그들이 속한 직무의 명칭, 직무번호 및 직무등급을 분류한다. 관리자들은 근로자에게 직무를 할당할 때 근로자들의 개인적인 업무실적이나 현재적 혹은 잠재적 능력에 따라서가 아닌 이러한 직무분류를 기준으로 직무를 할당하여야 한다. 근로자가 승진하였을 시, 관리자는 승진 전의 직무와 새로운 직무 사이의 직무책임 및 의무에 대한 차이를 명확히 설명하고 새로 업무계획을 수립하고 나서, 해당 근로자에 대한 새로운 직명 및 책임수준을 반영할 수 있도록 직무번호를 재분류한다.

한국·미국·일본 연봉제 유형

유　형	기　　　　　준
순수연봉제	• 매년 협상에 의해서 연봉결정 • 일반기업의 경우 예외적인 몇몇 사원 적용(특수직, 경영직, 전문기술직) • 프로스포츠선수 적용
미국형 연봉제 (Merit Pay)	• 직무급 + 성과급 = 직무성과급 • 개별성과급제도(최저와 최고는 10% 차이 미만) • 종업원 중 핵심인력육성대상에 적용
한국형 연봉제	• 연공급 + 능력급 or 성과급 = 연공성과급 • 기본연봉(기본급) + 업적연봉(상여금) • 기본연봉 + 업적연봉 + incentive제도(PI. PS) • 연봉조정은 Base up에 의존
일본형 연봉제	• 직능급 + 성과급 = 직능성과급 • 직능급은 직무급과 연공급의 절충형태이며, 직무수행능력을 고려하여 동일한 직무를 수행하더라도 개인의 직무수행능력을 평가하여 임금을 결정하는 체계 • 연봉제 적용대상은 대부분 관리직(부장이 가장 많음) • 전 사원 적용기업은 거의 드물다.

* 노동부, 「연봉제 형태」

3장

연봉제 적용대상과 도입방식

1. 연봉제의 적용대상

　　연봉제 합법성을 논하기 전에 연봉대상자가 근로자인지에 따라 근로계약관계에서의 근로자 보호 여부가 달라질 것이다. 따라서 근로자성 여부 중 근로기준법상 "근로자"란 직업의 종류와 관계없이 임금을 목적으로 사업이나 사업장에 근로를 제공하는 자를 말하며, 근로자 인지 여부를 판단하는 데 있어 형식적 계약 요건을 기준으로 하는 것이 아니라 사실상 사용종속관계를 기준으로 판단하게 된다.

　　따라서 판례에서도 사용종속관계의 구체적 판단기준으로는

① 전속관계의 여부

② 근무에 대한 응낙 또는 거부자유의사 유무

③ 근무시간 및 근무 장소의 지정 여부

④ 노무제공의 대체성 여부

⑤ 업무수행과정에서 지휘, 명령의 여부

⑥ 재료, 업무용 기구의 부담관계

⑦ 보수의 성격 등이 제시될 수 있다.

　　이 같은 사실상 요건에도 형식상 법인의 등재된 이사나 비 등재 이사라도 업무집행권을 행사하고 있다면 이는 근로기준법상 근로자라 할 수 없으므로 노동의 대가성인 임금을 받는 자가 아닌 주총이나 이사회에서 결정한 보수를 받는 자로 연봉계약을 체결하는데 법적 분쟁이 발생할 소지가 없다. 그러나 연봉계약기간에 대한 기간 존중과 퇴직으로 말미암은 퇴직금 지급의무 등은 근로기준법상 보호가 아닌 상법 또는 민법상 일방적인 계약해지나 보수지급 의무위반 등으로 법적 구제를 받을 수 있을 것이다.

부서장은 근로기준법상 관리감독자 지위에 있는 자인지 아닌지에 따라 연봉에 일정시간의 시간 외 근로를 포괄임금 방식으로 포함할 것인가 결정된다. 관리감독자의 지위는 단순히 명칭이나 호칭으로 판단하는 것이 아닌 사실상 경영자와 일체적 지위에 있는 자를 말하므로 이에 해당 여부에 따라 임금 구성항목이 결정되어야 할 것이다.

영업직은 근로자가 사업장 밖 근로로 말미암아 근로시간 산정이 어려운 경우에 소정근로시간이나 업무수행에 통상 필요한 시간을 근로한 것으로 간주하여 연봉계약의 체결이 가능할 것이다. 이때 간주근로시간을 몇 시간으로 할 것인가에 대해 노사합의가 전제되어야 할 것이다.

판례 | 대학교 시간강사들이 정해진 기본급이나 고정급을 지급받지 아니하고 근로소득세를 원천징수 당하지 아니하고, 강의내용이나 방법 등에 관한 구체적인 지휘·감독을 받지 않는다 하여 근로자성을 부정할 수 없다(대법 2007.03.29. 선고 2005두 13018, 13025 판결).

☞ 대학교 시간강사들이 전임교원들과 같은 정해진 기본급이나 고정급을 지급받지 아니하고 근로제공관계가 단속적인 경우가 일반적이며 특정 사용자에게 전속되어 있지도 않을 뿐만 아니라 원고들로부터 근로소득세를 원천징수 당하지 아

니하는 등의 사정이 있다 하더라도, 이러한 사정들은 최근에 급격하게 증가하고 있는 시간제 근로자에게 일반적으로 나타나는 현상으로 볼 수 있는데다가 사용자인 원고들이 경제적으로 우월한 지위에서 사실상 임의로 정할 수 있는 사정들에 불과하다. 또한, 시간강사들이 강의내용이나 방법 등에 관한 구체적인 지휘ㆍ감독을 받지 않은 것은 지적 활동으로 이루어지는 강의업무의 특성에 기인하는 것일 뿐 그들이 근로자가 아니었기 때문이라고 할 수도 없다. 따라서 위와 같은 사정들만으로는 이 사건 대학교의 시간강사들의 근로자성을 부정할 수 없다.

1 임원의 경우

상기에서 살펴본 바와 같이 연봉계약자가 근로자성을 가지고 있는가에 따라 연봉계약에서 보호 여부가 달라질 것으로 임원은 노동법상으로는 등재 여부와 관계없이 임원으로서 사실상 업무집행권을 행사할 수 있는 위치에 있는가에 따라 연봉계약의 당사자가 되면 그 보호기준이 달라진다.

임원이 업무집행권을 행사할 수 있는 지위에 있느냐에 대해서는 우선 법인 등재 여부가 우선 고려 대상이 될 것이며, 다음으로 조직상 일정한 사업부를 총괄하고 그 사업부의 회계ㆍ인사노무관리를 책임지고 있다면 이는 근로기준법상 근로자라기보다는 사용자에 속하므로 사용자와 연봉계약을 체결한다 하더라도 문제가 없을 것이다.

그러나 우리나라 기업의 대부분은 등재 임원은 특히 일부 특수인 관계를 맺는 경우나 대표이사 외에는 대부분 비 등재 임원으로 사원에서 임원으로 승진한 경우가 대부분이다. 이같이 사원에서 임원으로 승진한 경우 사원의 신분을 정리하고 퇴직금을 받고 임원으로서의 연봉계약을 체결하게 된다. 따라서 이때 승진한 임원은 내부 규정에 따라 사원의 신분을 정리할 뿐 근로기준법상 근로자성이 부인되는 것은 아니므로 비록 임원이라 할지라도 근로기준법상 근로자 보호규정에 적용을 받게 된다.

따라서 등기·비등기 임원인가에 따라 근로자성이 인정되는 것이 아니라 업무집행권을 가지고 있느냐에 따라 근로자성 여부를 판단해야 하므로 현실적으로 이를 판단하기 어렵다. 일부 기업에서는 임원은 당연히 근로자성이 없는 것으로 인정하여 연봉계약을 체결하는 것이 대부분이다. 그러나 업무집행권이 없는 임원은 근로기준법상 보호대상으로 임금, 해고, 퇴직금 등과 같은 노사 간의 분쟁을 일으키고 있다.

판례 대표이사의 지휘·감독 아래 있는 비등기이사는 근로기준법상 근로자에 해당한다(서울남부지법 2004.04.22. 선고 2003가합6980 판결).

☞ 근로기준법의 적용을 받는 근로자에 해당하는지 여부를 판단함에 있어서는 계약의 형식에 관계없이 그 실질에 있어서 임금을 목적으로 종속적 관계에서 사용자에게 근로를 제공하였는지 여부에 따라 판단하여야 할 것이므로 이사 또는 감사라는 임원의 직함을 사용하였다고 하더라도 그 지위 또는 명칭이 형식적·명목적인 것이고 실제로는 매일 출근하여 업무집행권을 갖는 대표이사나 사용자의 지휘·감독 아래 일정한 근로를 제공하면서 그 대가로 보수를 받는 관계에 있다거나 또는 사용자로부터 위임받은 사무를 처리하는 외에 대표이사 등의 지휘·감독 아래 일정한 노무를 담당하고 그 대가로 일정한 보수를 지급받아 왔다면 그러한 임원은 근로기준법상의 근로자에 해당한다. 사용자의 조직체계, 이사로 승진하고 해임된 경위, 담당업무 등을 고려하면 이사 또는 이사 대우라는 지위는 형식적·명목적인 것으로서 실제로는 그 승진 당시 전후를 통하여 업무의

변화 없이 대표이사의 지휘·감독 아래 자신이 맡은 부서의 업무를 계속 처리하는 관계에 있었고, 그에 대한 대가로 매월 정액의 월급여와 상여금 등 일정한 보수를 지급받는 지위에 있었으므로 이러한 비등기이사는 근로기준법상의 근로자에 해당한다.

따라서 임원은 법인의 이사로 등재하는 것은 사업주로서의 공시적 법률행위로 보아 근로자성을 인정하지 않는 것이 바람직하며, 비등기 임원은 근로계약 기간을 정한 근로자로 인정하여 사원으로서 정년이 보장된 근로자가 아닌 기간을 정함이 있는 근로자로 인정, 일정한 계약조건을 충족하지 못하면 계약기간 만료가 근로관계 종료로 인정될 수 있는 기준을 설정할 필요가 있을 것이다.

관련법률 | 기간제법 시행령 제3조(기간제 근로자 사용기간 제한의 예외)

☞ 5.「통계법」 제22조에 따라 고시한 한국표준직업분류의 대분류 0과 대분류 1 직업에 종사하는 자의 「소득세법」 제20조제1항에 따른 근로소득(최근 2년간의 연평균근로소득을 말한다)이 노동부장관이 최근 조사한 임금구조 기본통계의 한국 표준직업 분류 대분류 1 직업에 종사하는 자의 근로소득 상위 25퍼센트에 해당하는 경우

2 부서장의 경우

연봉제 시행 대상자의 주류를 이루는 경우가 부서장들로 보통 차·부장급 이상이 이에 해당한다. 팀장으로서 또는 부서의 장으로서 소속 근로자들의 복무 및 평가권을 행사하는 것이 일반적이며 관리

자로서의 권한과 책임을 부여받고 있다. 따라서 대부분 기업은 관리자들의 업무수행능력과 부서별 목표 달성 여부에 따라 평가기준을 설정하고 그 결과에 따라 연봉을 차등 지급하고 있다.

이처럼 연봉을 부서장 능력에 따른 평가 결과에 따라 개별성과 연봉과 부서별 집단보상을 병행하는데 이는 근무시간에 따른 정량(定量)적 평가가 아닌 실적과 능력에 따른 정성적 결과로 연봉을 결정하는 것이므로 연봉 외 시간외근로 등의 수당을 지급하는 것은 연봉제에 맞지 않는다.

그렇다면 부서장은 근로기준법 제63조 및 동법 시행령 제34조에 의거 관리 감독자로 모두 인정하여 시간외근로, 휴일근로, 휴게시간 근로 등의 수당을 배제할 수 있는가 하는 문제이다. 관리 감독자란 모호한 기준으로 어느 정도 지위에 어떤 업무를 할 경우 관리 감독자인지에 대한 명확한 기준이 없어 근로관계 분쟁이 자주 일어나고 있다.

행정해석 근로조건의 결정권한을 행사하고, 노무관리 및 현장관리·감독업무를 행하고, 출·퇴근시간에 엄격한 구속을 받지 않는 건설사용자 현장소장은 관리·감독적 지위에 있는 자이다(2004.09.17, 근로기준과 4983).

☞ 근로기준법 제61조 제4호 및 동법 시행령 제30조에 의거 근로시간 및 휴게·휴일에 관한 적용이 배제되는 '관리·감독업무'에 종사하는 근로자라 함은 사업의 종류에 관계없이 일반적으로 근로조건의 결정 기타 노무관리에 있어서 사업주와 일체적인 입장에 있는 자를 말하는 바, 그 실제에 있어 과장, 부장, 소장 등의 명칭 여하에 불구하고 노무관리방침 결정에 참여하거나 노무관리상의 지휘권한을 가지는지 여부, 자기의 근로에 대하여 자유 재량권을 가지고 출·퇴근 등에 엄격한 제한을 받는지 여부, 그 지위에 따른 특별수당을 받고 있는 지

여부 등을 종합적으로 고려하여 구체적으로 판단하여야 할 것임. 현장소장은 공사현장에 필요한 근로자를 직접 선정하여 적정임금으로 채용하는 등 근로조건의 결정권한을 행사하고 있을 뿐 아니라 근로자에 대한 노무관리 및 현장관리 · 감독업무를 행하고, 출 · 퇴근시간에 엄격한 구속을 받지 않으며, 사용자에서 통화료를 납부하는 개인용 휴대전화기를 사용하는 등 그 지위에 따른 대우를 받고 있는 경우라면 달리 볼 사정이 없는 한 관리 · 감독업무에 종사하는 근로자로 볼 수 있다.

기업마다 간부에 대한 호칭은 다양하며 과장, 차장, 부장과 같은 일반적 호칭을 가지고 관리 · 감독자 지위를 결정할 수는 없으므로 기업의 조직도상 팀 또는 부서의 장은 관리 감독자로 간주하여 근로기준법 제63조 및 동법 시행령 제34조에 해당하는 관리 감독자로 인정하여 시간 외 근로, 휴일근로, 휴식시간 근로 등의 수당을 배제하는 것이 연봉제 도입에서 근로관계 분쟁을 최소화하는 방안이다.

산업안전보건법에서도 관리 · 감독자에 대해서는 별도의 안전교육을 의무화하는 규정을 두고 있는바 근로기준법에도 좀 더 구체적으로 관리감독자 지위를 분명히 밝혀 노사 간의 분쟁을 최소화할 필요가 있다. 미국에서도 일정금액 이상의 연봉을 받거나, 근로시간의 50% 이상을 근로자관리에 할애하는 자는 시간 외 근로를 적용하지 않고 있다.

행정해석 아파트관리사무소 소속근로자도 관리감독자 교육을 받아야 한다(안전정책과-1382005.01.05,).

☞ 산업안전보건법은 원칙적으로 1인 이상 근로자를 사용하는 모든 사업장에 적용됨. 다만, 산업안전보건법 제3조 및 동법 시행령 제2조의2의 규정에 의하여 유해·위험의 정도, 사업의 종류·규모 등에 따라 법의 적용범위가 달라지며, 사업의 분류는 통계청장이 고시한 한국표준산업분류표에 의하도록 규정하고 있음. 아파트 건물관리는 한국표준산업분류표상 부동산업에 속하므로 귀사가 산업안전보건법 시행령 별표 1(법의 일부적용대상사업 및 일부적용규정의 구분표) 제4호 가 내지 바목에 해당하지 않는 경우에는 법 제31조(안전·보건교육)가 적용되어 관리감독자 교육을 실시해야 함. "관리감독자"란 산업안전보건법 제14조의 규정에 의하면 "경영조직에서 생산과 관련되는 당해 업무와 소속 근로자를 직접 지휘·감독하는 부서의 장이나 그 직위를 담당하는 자"를 말하므로 기관실의 경우 과장, 계장, 주임 중 실질적으로 작업을 지휘·감독하는 자가 관리감독자 교육대상이 되며, 교육은 사업장에서 자체 실시하거나 지정교육기관에 위탁하여 실시할 수 있다.

③ 영업직의 경우

연봉제 임금제도에 대해 노사 모두 인정할 수 있는 직종은 역시 영업직일 것이다. 영업직종은 근속연수나 숙련도와 관계없이 영업이익에 따라 연봉을 차등지급하게 되면 근로자로서는 노력한 대가를 인정받아 좋고, 기업 입장에서는 매출 및 이익을 높일 수 있어 노사 모두 가장 선호하는 임금제도이다. 이같이 영업직은 직급에 관계없이 영업부서의 모든 근로자를 대상으로 연봉제를 시행해도 노사 모두 좋아할 것이나 문제는 영업직의 초과근무시간에 대한 수당을 어떻게 할 것인가가 항상 노사 간 갈등의 원인이 되고 있다.

영업직의 업무 특성상 사업장 밖에서 이루어지는 업무가 많은 현실에서 초과근로 시간을 정확히 파악하기는 어려우므로 근로기준법 제58조(근로시간 계산의 특례)에 근거하여 근로자가 출장이나 그 밖의 사유로 근로시간의 전부 또는 일부를 사업장 밖에서 근로하여 근로시간을 산정하기 어려운 경우에는 소정근로시간을 근로한 것으로 보며 그 업무를 수행하기 위하여 통상적으로 소정근로시간을 초과하여 근로할 필요가 있으면 그 업무의 수행에 통상 필요한 시간을 근로한 것으로 인정하고 노사합의로 연간 초과근로시간을 포함하여 연봉계약을 체결하는 방법이 있을 수 있다. 그러나 현행 근로기준법에 이 같은 인정 근로시간에 대해서는 근로자대표와의 서면합의를 명시하고 있어 연봉제의 개별계약 취지에 맞지 못한 규정으로 근로자 대표가 아닌 개별근로자와의 합의로 가능하도록 법 개정이 필요하다.

판례 업무내용과 근로형태의 특수성을 감안하여 노사합의 하여 시간외·야간·휴일근로수당을 합하여 일정액을 지급한 것은 유효하다(대법 1991.10.11, 선고 90다 17880).

☞ 근로자의 임금액을 결정함에 있어서는 근로기준법에 정하여진 1일 8시간 또는 단체협약 등에 의하여 정하여진 그보다 적은 시간의 소정근로에 대한 통상임금을 먼저 결정하고 그 소정근로를 초과하는 시간외근로나 휴일, 야간근로에 대하여 통상임금을 기초로 하여 근로기준법 또는 단체협약 등에 정하여진 계산방식에 따른 추가근로수당을 가산 지급하도록 하는 방법이 일반적이겠으나 그와 같은 방법에 따르지 않고 업무내용과 근로형태의 특수성을 감안하여 근로자가 일반적으로 근로할 근로시간 등 근로형태를 결정한 다음, 이에 대한 근로기준법 또는 단체협약 등에 의한 시간외, 야간, 휴일근로의 제 수당까지 합산하여 그 근로형태에 대한 임금총액을 미리 결정하거나 법정 제 수당을 일정액으로 미리 결정하는 내용의 근로계약도 근로자의 승낙 하에 체결되었고 단체협약이나 취업규칙에 비추어 근로자에게 불이익하지 아니하며 제반사정에 비추어 정당하다고 인정될 때에는 이를 무효라고 할 수 없다. 따라서 원고가 지급받은 봉급은 그 명목여하에 불구하고 위 ○○골재사업소의 직원으로서 일반적 근로형태인 24시

간 격일제근로에 대한 제수당까지를 미리 감안하여 합산한 총액이므로 원고가 아직 지급받지 못한 시간외, 야간, 휴일근로수당이 있음을 전제로 한 원고의 주장은 이유 없다고 판시하였다.

4 사무직의 경우

사무직은 영업직과 같이 영업의 실적이나 매출 등과 같은 평가요소에 따라 임금을 차등 지급할 수 있는 평가요소를 찾기가 어려움에도 많은 사업주가 사무직에 대해 연봉제를 시행하고 있다.

또한, 과거의 임금제에서 시간외근로수당은 생산직에만 지급된다고 판단하여 사무직은 연장근로를 하더라도 시간외수당보다는 교통비, 특근수당 등과 같은 법적 수당이 아닌 사용자가 일방적으로 정한 금액을 지급하는 것이 일반적이었다.

이같이 사무직에서 연봉제는 평가기준을 설정하기도 어렵고 시간외수당 문제에도 사업주들이 연봉제를 시행하는 것은 1년 단위 임금결정을 통해 근로자의 계속근로 여부에 영향력을 행사하려는 경향이 강하다.

연봉계약과 근로계약은 분명히 별개의 문제임에도 사무직 연봉근로자는 연봉결정 기준에 따라 근로관계에 영향을 주는 것이 사실이다. 따라서 사무직의 연봉제는 평가기준을 명확히 설정하고 관리 · 감독자의 해당하는 관리자는 연봉기준에 초과근로 예외규정을 분명히 밝히고 사무직 근로자들에 대해서는 일정기준의 초과근로수당을 연봉에 포함하여 지급한다.

⑤ 생산직의 경우

중소기업 및 대기업 협력업체들은 생산직에서도 포괄임금제라는 형식으로 연봉제를 시행하고 있다.

포괄임금제라 하는 것은 근로자와 사용자가 일정한 근로조건에서 발생할 수 있는 시간외수당, 법정수당을 모두 포함하여 일별, 월별 일정금액으로 하여 받기로 하는 계약이다. 근로자로서는 월 고정임금이 보장되어 좋은 점은 있으나 자신의 근로시간의 장단(長短) 여부와 관계없이 임금을 받게 되고 시간당 임금에 대한 정확한 정보를 알 수 없어 노사 분쟁의 원인이 되고 있다.

연봉제 출발은 능력주의 임금제로 노동의 투입 시간에 따라 생산이 달라지는 직접생산 라인에서 연봉제를 실시하는 것은 노사 모두 불신만을 가중시킬 뿐 생산성 향상이나 근로의욕 증진에 도움을 줄 수 있는 임금제도라 볼 수 없을 것이다. 미국에서도 직접생산 라인, 근로시간과 임금이 비례하는 직종은 시급제를 원칙으로 임금제를 실시하고 있으며, 연차휴가에 대해서도 사용을 원칙으로 하고 있다.

따라서 우리나라 생산직은 시급, 일급, 월급의 임금제가 바람직하며, 연월차휴가는 이를 사용하지 못하면 수당으로 지급하는 것이지 바람직하며, 연월차수당을 임금에 포함하여 지급하는 것은 근로자로 하여금 휴가사용을 원천적으로 박탈하는 행위로 법 위반이며 법정휴가 입법 취지에도 맞을 수 없는 임금제도로 생산직 연봉제는 피해야 한다.

$\boxed{\text{행정해석}}$ 일급제 근로자의 일급금액에 연·월차유급휴가수당을 포함하여 지급하는 근로계약을 체결한 것은 효력이 없다(근로기준과-3118. 2004.06.23.).

☞ 일당은 근본적으로 하루의 근로에 대한 대가로 발생할 수 있는 내역을 포함하여 지급할 수 있는 것으로서 월차 및 연차휴가수당을 포함하여 지급할 수 없고 이러한 것이 근로기준법에 위배되므로(근기 68207-1696, 2000.6.2, 근기 68207-1844, 2000.6.16) 일당 속에 연·월차유급휴가수당을 포함하여 지급하는 근로계약을 체결하였다 하더라도 근로자에게 연·월차휴가수당을 지급하였다고 볼 수 없으므로 실제 휴가를 사용하지 않고 근로를 제공한 것에 대한 연·월차유급휴가근로수당을 추가로 지급하여야 한다.

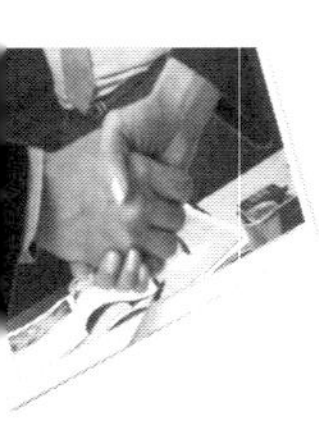

2. 연봉제의 도입방식

연봉제를 도입하는 방식에는 근로자 수에 따라 10인 미만 사업장이라면 근로(연봉)계약을 통한 방식, 10인 이상이라면 취업규칙 변경을 통한 방식, 노조가 있으면 단체협약 갱신을 통한 방식, 노동조합이 근로자 과반수를 차지하고 있어 노사협의회 의결 사항이 단체협약과 같은 효력을 가지고 있다면 노사협의회를 통한 방식으로 나누어 생각해 볼 수 있다.

１ 근로(연봉)계약 체결 방식

근로계약은 기간을 정한 유기(有期) 근로계약과 기간을 정하지 않은 무기(無期)근로계약으로 구분할 수 있다. 이때 유기 근로계약은 그 계약기간의 필요성이 인정되고 사업의 완성시점을 기간으로 하는 경우 그 기간만큼 근로계약관계를 설정하고 기간의 만료가 근로관계 종료를 의미한다. 다만, 그 기간이 형식에 불과하면 기간제 및 단시간 근로자 보호 등에 관한 법률에 따라 2년 이상 계약직으로 고용하게 되면 무기 계약직으로 전환된다.

[판 례] 근로계약기간이 단지 형식에 불과하다고 볼 수 없다면 근로계약관계는 그 기간의 만료로 당연히 종료되는 것이다(대법 2004.10.29 선고 2004두10012 판결).

☞ 고용계약의 내용과 계약인력관리지침의 내용, 고용계약이 이루어지게 된 동기 및 경위, 기간을 정한 목적, 참가인이 담당한 업무, 기간 만료시 마다 퇴직금을 정산한 점, 최초 고용시 보장된 3년의 고용기간이 경과한 후 정식근로자로 채용되지 아니하고 원고 내규에 따른 계약직 전문 인력으로 기한을 정하여 고용된 점, 동종의 근로계약 체결방식에 관한 관행 등을 종합하여 보면, 그 정한 기간이 단지 형식에 불과하다고 볼 수 없으므로 참가인과 원고의 근로계약관계는 그 기간의 만료로 당연히 종료되었다.

근로기준법 제2조 제4호에 '근로계약'이란 근로자가 사용자에게 근로를 제공하고 사용자는 이에 대하여 임금을 지급하는 것을 목적으로 체결된 계약이라 정의하고 있으므로 임금지급 방식을 연봉으로 하고, 근로기준법 제17조 근로조건의 명시의무에 따라 근로(연봉)계약을 체결하면서 근로자에게

　① 임금

　② 소정근로시간

　③ 휴일

　④ 연차유급휴가

　⑤ 연봉의 구성항목

　⑥ 연봉의 계산방법

　⑦ 연봉의 지급방법

　⑧ 소정근로시간

에 관한 사항을 서면으로 명시하고 근로자의 요구가 있으면 그 근로자에게 연봉계약서를 내주는 방식이다.

이때 근로계약기간이 형식에 불과한 것인지 아니면 일정한 사업의 완성을 목적으로 하는 기간인지에 따라 연봉 근로계약이 기간제 및 단시간 근로자 보호 등에 관한 법률에 적용을 받을 수 있을 것인지가 결정될 것이며 또한 근로조건 명시의무에서도 더욱더 구체화하여

① 근로계약기간에 관한 사항

② 근로시간·휴게에 관한 사항

③ 임금의 구성항목·계산방법 및 지불방법에 관한 사항

④ 휴일·휴가에 관한 사항

⑤ 취업의 장소와 종사하여야 할 업무에 관한 사항

⑥ 근로일 및 근로일별 근로시간

을 연봉계약서 명시하여 연봉계약을 체결해야 한다.

연봉계약 방식으로 연봉제를 도입할 때 신입사원은 연봉계약기간과 근로계약기간을 같이하여 연봉 재계약 시점에서 연봉계약과 근로계약을 연계할 것인지에 대한 분명한 기준을 설정해야 하며, 연봉계약은 임금계약이지 근로계약이 아니기 때문이다. 기존 정규직 사원을 대상으로 호봉제에서 연봉제로 임금제도를 전환하였으면 이는 임금에 대한 근로조건 변경일 뿐 근로관계에는 영향을 미치지 않는다.

간혹 일부 사업주들은 연봉계약과 근로계약을 혼동하여 연봉계약 당사자 간에 계약이 체결되지 않으면 근로계약이 종료하는 것으로 오해하여 근로계약 해지통지를 하는 경우가 있으나 이는 해고의 문제를 발생시킨다. 따라서 신입연봉계약 근로자에게는 근로계약 기

간을 명시하고, 임금은 연봉지급 기준으로 1년 단위로 결정하여 지급한다는 근로조건에 대해 분명히 서면으로 명기할 필요가 있다.

[판례] 연봉계약을 체결한 이후에 내부적으로 재계약심사기준을 마련하여 재계약 여부를 결정하였다는 사정만으로 그 재계약 거절이 부당한 해고가 될 수는 없다(고법 2005.06.29 선고 2004누8882 판결).

☞ 부당해고구제재심판정취소 참가인은 원고들과 연봉계약을 체결한 이후 '계약 연봉직 재계약심사기준'을 마련하고, 이에 의하여 원고들을 포함한 계약 연봉직에 대한 재계약 여부를 결정하였던 사실은 인정할 수 있으나, 참가인이 원고들을 해고하고자 하는 의도에서 원고들을 사업주금융전담자로 전보 발령하였다는 점에 대하여는 이를 인정할 자료가 없을 뿐만 아니라, 참가인이 계약기간 만료 이후 원고들과 재계약을 거절한 것이 근로계약의 해약, 즉 해고에 해당하지 않는 이상, 참가인이 원고들과 연봉계약을 체결한 이후에 내부적으로 재계약 심사기준을 마련하여 이에 따라 그 재계약 여부를 결정하였다는 사정만으로 그 재계약 거절이 부당한 해고가 될 수는 없다.

또한, 연봉계약이 반복적으로 체결되어 온 기업에서 전년도보다 연봉금액이 줄어든 상황에서 근로자가 연봉계약 동의서에 합의하지 않으면 사용자가 줄어든 연봉을 근로자 동의 없이 근로조건을 낮출 수 있을 것인가 문제이다. 현행 근로기준법체계에서는 근로조건의 하향은 개별근로자의 동의나 전체근로자의 과반수의 동의로 근로조건 불이익 변경절차를 거쳐야 할 것이다.

[판례] 불이익을 수반하는 전직처분은 개별적 합의 내지 근로계약이나 취업규칙 또는 단체협약에 의한 동의가 있어야 한다(대법 1989.5.03. 선고 88다카1981 판결).

☞ 일반적인 인사이동인 전근, 전보 등과 달리 근로조건의 중요한 변경을 가져와 불이익을 수반하는 전직처분은 고용계약상 권리의무의 전속성을 규정한 민법 제657조의 취지에 비추어 특별한 사정이 없는 한 개별적 합의 내지 근로계약이나 취업규칙 또는 단체협약에 의한 동의가 있어야 가능하다.

따라서 10인 이하 사업장에서 집단적 근로조건을 규율하는 취업규칙을 가지고 있지 않으면 개인의 평가에 따라 개별근로조건을 하향시킬 수 있는 연봉제 도입은 개인의 동의·거절의 문제로 말미암아 도입하기 곤란한 제도이다. 따라서 연봉계약직은 당사자 간 연봉합의가 이루어지지 못하면 근로계약관계를 종료하는 연봉계약을 체결하여 근로조건 하향에 따른 근로자 개별동의 문제를 해결할 수 있다.

근로조건 명시 규정

구분	일반근로자	기간제 및 단시간근로자
명시 대상	임금(구성항목, 계산방법, 지불방법), 소정근로시간, 주휴일, 연차유급휴가, 취업 장소와 종사업무, 취업규칙의 필요적 기재사항	임금(구성항목, 계산방법, 지불방법), 근로시간·휴게시간, 휴일·휴가, 취업 장소와 종사업무, 근로계약기간, 근로일 및 근로일별 근로시간(단시간근로자에 한함)
서면 명시 대상	임금(구성항목, 계산방법, 지불방법), 소정근로시간, 주휴일, 연차유급휴가	위와 같음
적용 사업장	1인 이상 (근로시간, 휴가는 5인 이상만 적용)	5인 이상
위반 벌칙	500만 원 이하 벌금	500만 원 이하 과태료

❷ 취업규칙 변경을 통한 방식

취업규칙은 근로자의 근로조건을 규율하는 기준으로 사규, 복무규정, 사칙 등등 그 명칭과 관계없이 사용자가 근로자를 상시 10인 이상 고용하고 있으면 근로기준법 제93조에 의거 사용자는 임금의 결정·계산·지급 방법, 임금의 산정기간·지급시기 및 승급(昇給)에 관한 사항 등을 명시하여 근로자의 의견을 들어 노동부에 신고해야 하며, 해당 근로자는 누구나 쉽게 취업규칙을 열람할 수 있도록 사업주는 취업규칙을 상시 비치해야 한다.

취업규칙은 사업주가 근로자의 의견을 들어 처음에 작성하지만, 그 근로조건을 근로자에게 불리하게 변경하는 경우에는 해당 근로자의 과반수 동의를 받아 변경해야 한다. 따라서 기존 호봉제 임금제도에서 연봉제로의 임금제도 변경은 해당자들에게는 가장 큰 근로조건 변경으로 반드시 해당자의 동의 또는 의견을 들어야 할 것이다. 연봉제 도입에서 근로조건의 유·불리에 대해서는 도입된 제도를 종합적으로 평가하여 판단하여서 하나 대부분 연봉제가 개별적 평가에 따른 임금의 차등지급을 원칙으로 하고 있으므로 일부 유리하다고 하여 이를 유리한 변경이라 할 수 없다.

따라서 연봉제 적용을 받는 대상자 과반수의 동의를 받아 실시하는 것이 취업규칙 불이익 변경의 위법성을 없애는 방법이다. 이때 취업규칙 변경 동의의 주체가 해당자 50%인지 아니면 전체근로자 과반수 이상인지에 대한 논란이 있을 수 있으나 노조원이 과반수를 점하고 있지 않은 조직에서 과장급 이상에 대해서 연봉제를 도입하면 과장급 이상의 과반수 동의로 가능하며, 원만한 노사관계 유지 차원에서 노조의 의견수렴 절차를 거치면 연봉제를 도입할 수 있다.

노동위원회 판결에서도 노조가 반대하는 연봉제를 사용자가 일정한 시점에서 도입하여 신입사원을 연봉으로 채용한다고 해서 이를 부당노동행위로 볼 수 없다고 하였으므로, 노조의 반대나 연봉 적용 대상자 50%의 동의를 받지 못한다고 해도 신입사원에 대해서는 변경된 취업규칙에 따라 연봉으로 채용할 수 있다.

취업규칙 변경을 통한 연봉제 도입 때 취업규칙 변경 동의 내용을 어디까지 볼 것인가에 대해서는 취업규칙의 의무기재 사항은 불이익 변경에 대해서는 당연히 동의를 받아야 하나 연봉제를 도입하면서 연봉결정 기준이 되는 평가권이 근로자의 승진승격에만 적용되는 인사권이라면 이는 사업주의 고유권이나 평가 결과에 따라 임금이 달라지는 연봉평가권은 그 기준에 따라 연봉이 결정된다면 해당 근로자의 동의가 필요하다. 따라서 연봉제를 도입하여 취업규칙의 부속규정으로 만들어진 연봉규정, 평가규정 등도 해당 근로자의 동의가 필요하다.

[행정해석] 인사고과(근무평정)의 평정기준은 취업규칙으로 볼 수 없고 그 변경을 취업규칙의 불이익변경으로도 볼 수 없다(2003.03.26, 근기 68207-352).

☞ 귀 질의내용이 불분명하나, 인사고과(근무평정)에 관한 사항은 원칙적으로 사용자의 고유권한에 속하는 사항으로서 특별한 사정이 없는 한 근로기준법 제96조에 의해 사용자에게 작성·신고의무가 부과되는 취업규칙으로 볼 수 없다.

❸ 단체협약 개정을 통한 방식

노동조합의 설립목적이 노동삼권을 통하여 근로조건을 유지·개선하고자 하는 것이라면 연봉제는 개별적 근로조건 결정방식이므로 노동조합은 쉽게 연봉제에 합의하지 않는다. 또한, 노동조합 및 노동관계조정법 제33조에 따라 단체협약을 통해 결정된 근로조건이 다른 어느 근로조건보다 우선 적용되게 되어 있는 바 노조의 동의 없이 노조원을 대상으로 연봉제 도입은 불가능하다. 노동조합의 동의 없이는 조합원을 대상으로 연봉제를 도입할 수는 없으나 비조합원은 단체협약 적용대상자가 아니므로 연봉제를 도입할 수 있다.

그러나 노동조합 및 노동관계조정법 제35조에 따르면 하나의 사업 또는 사업장에 상시 사용되는 동종의 근로자 반수 이상이 하나의 단체협약의 적용을 받게 된 때에는 당해 사업 또는 사업장에 사용되는 다른 동종의 근로자에 대하여도 당해 단체협약이 적용되게 되어 있어 비조합원에 대해 조합원 자격이 있음에도 가입하지 않은 조합원은 일반적 구속력 대상에 해당한다. 규약이나 단체협약에 조합원 범위에서 제외된 근로자에 대해서는 일반적 구속력을 확대할 수 없다.

판 례 조합원의 범위에 해당하지 아니하는 사람들은 단체협약의 일반적 구속력을 받는 동종의 근로자라 할 수 없다(대법 2003.12.26. 선고 2001두10264 판결).

☞ 사건 징계해고 당시 원고들은 단체협약 제6조에 규정된 조합원의 범위에 해당되지 아니하여 단체협약의 규정에 따른 조합원의 자격이 없는 자이므로 위 단체협약의 적용이 예상된다고 할 수 없어 원고들을 법 제35조에 따라 단체협약의 일반적 구속력을 받는 동종의 근로자라고 할 수도 없다고 한 원심 판단은 정당하고, 거기에 상고 이유에서 주장하는 바와 같은 단체협약의 일반적 구속력에 관한 법리오해의 위법이 없다.

따라서 노동조합이 전체근로자의 50% 이상을 점하는 노조라 할지라도 규약 및 단체협약으로 조합원 자격을 부여하지 않는 자에 대해서는 비조합원들의 50% 동의를 받아 연봉제 도입이 가능할 것이다. 그렇다고 사용자가 비조합원에 대해서 연봉제를 도입하면서 노조를 완전히 배제하고 일방적으로 임금의 근로조건을 변경할 수 있는가 하는 문제이다. 설령 위에서 말하는 비조합원에 대해서는 일반적 구속력이 확대되지 않으므로 해당자의 과반수 동의를 받아 가능하다 할지라도 사업장에서 가장 중요한 근로조건을 변경하면서 노조를 완전히 배제하는 것은 사업주의 경영권 남용으로 볼 수 있다.

판 례 연봉제 급여규정은 단체교섭의 의무가 있음에도 정당한 이유 없이 사전협의를 거부한 것은 부당노동행위이다(대법 2004.03.12. 선고 2003두11834 판결).

☞ 취업규칙에 연봉제 급여규정을 둔 것은 조합원들에게는 적용되지 않는다고 단정할 수 없는 이 사건에서 참가인이 단체교섭의 의무를 부담하거나 사전협의를 하여야 할 대상에 해당한다고 보아야 할 것이므로, 참가인으로서는 원고조합의 단체교섭이나 사전협의 요구를 거부할 수 없음에도 불구하고 정당한 이유 없이 이를 거부하였으므로 이는 노동조합 및 노동관계 조정법 제81조 제3호 소정의 부당노동행위에 해당한다고 보아야 할 것이다.

④ 노사협의회 개최 승인 방식

노동조합은 노동자가 주체가 되어 자발적으로 단결하고, 집단적 행동을 통해 근로조건을 향상시키는 자발적 조직체라면, 노사협의회는 근로자 수가 30명 이상인 사업장에서 사업주가 노사협의회를 의무적으로 구성해야 한다. 노사협의제도란 단체교섭과는 별도로 노사 간 의사소통 방식으로 사업 또는 사업장 차원에서 사용자가 근로자대표들과 일정한 사항에 대하여 정보를 교환하고 협의·합의하는 기구를 말한다.

우리나라에서는 1997년 "근로자 참여 및 협력증진에 관한 법률"에 의하여 일정한 사항에 대한 의결을 의무화하는 등 경영 참가적 요소를 강화하였다. 노사협의회는 근로자의 조직도 사용자의 조직도 아닌 '사업 그 자체의 조직'으로 이해해야 하며, 노사협의회는 사업의 양대 인적 구성조직인 사용자와 근로자를 대표하는 자로 구성되므로, 노사협의회의 근로자 위원, 즉 근로자를 대표하는 위원은 결국 사업에 속하는 인적 주체로서의 전체 근로자를 대표하는 자라는 의미로 이해할 수 있다.

이러한 의미에서 노사협의회가 연봉제 도입을 의결하는 경우의 유효성 여부와 관련하여, 노사협의회에서 동의가 근로자 집단의 집단적 의사결정 방식에 의한 동의로 볼 수 있느냐를 우선 검토하여야 한다. 노사협의회는 노동조합과 그 취지를 달리하므로 노사협의회 근로자위원 선출 시 그들에게 근로조건 불이익 변경에 대한 포괄적 위임을 부여했다고 볼 수 없다.

노사협의회 근로자위원이 비록 사업장 전체근로자의 대표성을 보유하는 것이지만, 이들 근로자위원은 각각이 전체 근로자의 대표로서의 지위를 부여받은 것이기 때문에 자신을 선출한 부분적인 근로자 집단의 의사에 구속되는 것은 아니라고 보아야 한다. 그러므로 근로자위원은 자신의 양심과 판단에 따라 전체근로자에 대해 이익이 되는 바가 무엇인가의 입장을 다수 근로자위원이 단지 공동으로 의사표시를 하는 경우가 아니라면, 집단적 의사결정 방식을 통한 근로자 과반수의 동의라는 근로조건 불이익변경의 실질적 요건을 대체할 수 없다.

　그러나 위의 경우와는 달리, 만약 당해 사업장에 종사하는 근로자 과반수로 조직된 노동조합이 있는 경우, 그 노동조합이 근로자위원을 지명하고 이들이 노사협의회에서 연봉제 도입에 동의했다고 한다면, 이는 달리 판단할 여지가 있다고 본다. 왜냐하면, 전체 근로자의 의사가 노동조합이라는 조직을 통해 형성된 의사로 의제·대체되면서, 노조가 지명한 근로자위원이 이미 단일화된 노조의 의사를 대신 표시하는 단순한 의사전달자의 지위에 서게 되는 일도 있을 것이기 때문이다. 이러면 노사협의회에서 동의한 사항이 취업규칙의 불이익한 변경 시의 근로자 과반수의 동의를 대체할 수 있다.

판 례 　근로자의 과반수가 자유의사에 기하여 취업규칙의 변경에 대한 의견청취 권한을 노사협의회의 근로자위원에게 위임하는 것은 가능하다(2004.04.22, 근로기준과-2015).

☞　사용자가 취업규칙을 변경하고자 하는 경우에 당해 사업(장)에 근로자 과반수로 조직된 노동조합이 없다면 근로자 과반수의 의견을 청취하여야 할 것인바(불이익 변경시에는 동의를 얻어야 함), 근로자참여 및 협력증진에관한법률에 의한 노사협의회의 근로자위원은 원칙적으로 취업규칙 변경에 대한 의견청취 또는 동의의 권한을 가진 자로 볼 수 있다고 사료됨. 다만, 근로자의 과반수가 자유의사에 기하여 취업규칙의 변경에 대한 의견청취 권한(이하 ‘동의권’ 포함)을 노사협의회의 근로자위원에게 위임하였다면 그 근로자위원은 근로기준법상 취업규칙의 변경에 대한 의견청취의 권한을 가진 자로 볼 수 없을 것임. 취업규칙을 변경코자 하는 사용자는 변경될 취업규칙의 내용을 사업장에 게시·비치하거나 근로자에게 배부하여 종전 취업규칙을 적용 받고있는 근로자에게 충분히 주지시키고 그들의 집단적 의사결정방식에 의한 의견청취를 하거나 동의를 얻어야 하므로, 귀 질의상 ‘1.’의 경우와 같이 노사협의회의 근로자위원 선출시 임기중의 취업규칙 변경에 대한 일체의 의견청취 권한을 위임한다 하더라도 개별 취

업규칙의 변경건에 대한 위임이 있었다고 보기는 어려우므로 취업규칙 변경에 대한 의견청취 권한이 있다고 보기는 어려울 것으로 사료됨. 다만, '2.'의 경우와 같이 변경될 취업규칙의 내용을 근로자들에게 사전에 주지시킨 상태에서 근로자위원을 선출하면서 동 취업규칙 변경건에 대한 의견청취의 권한을 부여키로 하고 근로자 과반수의 찬성으로 근로자위원을 선출하였다면, 그 근로자위원은 근로자과반수로부터 당해 취업규칙 변경건에 한하여 의견청취의 권한을 위임받았다고 볼 수 있을 것임. 이 경우에도 선출된 근로자위원이 다수인 경우에는 그 근로자위원의 전체득표수가 근로자 과반수에 미달하는 경우에는 취업규칙 변경에 대한 의견청취 권한이 있다고 보기는 어려울 것으로 사료됨.

4장

연봉제 도입 체크포인트

1. 연봉제 도입 검토사항

▣ 급여체계의 검토

급여의 구성항목 중 기본연봉 범위를 어디까지고 정하고 성과연봉 범위는 어떻게 정할 것인가를 우선하여 검토해야 한다. 이때 기본연봉은 근로자에게 지급되는 기본급, 고정수당을 기준으로 정하는 것이 바람직하며, 성과연봉은 상여금, 자격 수당, 변동급 등을 기준으로 정한다. 기본연봉은 개인의 근속, 학력, 경력이 반영된 고정급으로 가능한 한 매년 일정액의 인상을 할 수 있는 베이스 업(base up) 체계로 설계하고 성과연봉은 개별평가에 따라 차등지급될 수 있도록 설계한다. 호봉제를 연봉제로 전환할 경우 처음 임금체계는 가능한 플러스(plus)방식으로 설계하여 연봉제 대상 직원이 임금체계 변경으로 급여가 낮아지는 현상이 발생하지 않도록 한다.

연봉제 급여체계를 설계하면서 기본급, 각종수당, 상여금을 모두 기본연봉으로 하여 1/12로 지급하게 되면 월 통상임금 범위가 높아지고 이로 인한 부가급여 부담이 늘어나 자칫하면 연봉제 도입이 통상임금을 극대화하여 사업주의 임금부담을 높이는 결과를 초래할 수 있다. 따라서 기본연봉, 개인 성과연봉, 집단 성과연봉의 구성항목을 어떻게 구성할 것인가가 매우 중요하다.

누적 + 비누적 혼합방식

- 기본 연봉부분은 누적방식, 성과급부분은 비누적방식 적용
- 평가결과에 따라 차등 인상률을 적용
- 차년도 적용시 기본연봉은 전년도 기본연봉을 베이스금액으로 적용
- 차년도 적용시 성과급은 다시 원점에서 재책정

기본급(직급별호봉제)		기본상여금	특별상여금		직책수당	법정수당	기타복리
기본연봉(누적) : 14할지급(추석/설)			성과급 : 연 3회 지급(년/반기별)		직무급	기존유지	
별도의 테이블 없이 평가결과에 따른 차등 인상률만 관리 (차연도 급여책정의 기준으로 적용) 직급별 급여 Band 운영			차등 상여률 지급율 관리 (당해 연도만 반영)		별도운영	별도운영	
기본연봉 차등 인상률			개인성과급(70)	전사성과급(30)		조직평가 연계된 최종평가 점수	
S: $(\alpha+6)\%$ / A+: $(\alpha+5)\%$ / A: $(\alpha+4)\%$ / B+: $(\alpha+3)\%$ / B: $(\alpha+2)\%$ / C: $(\alpha+1)\%$ / D: $(\alpha+1)\%$			(업적평가-1)/2 × 100%+50%	최대 200% 한도로 결정			
평균 승호 인상률 3%를 재원으로 활용			• 개인성과급은 3.0기준 제로섬 • 전사성과급 플러스섬			퇴직금기준 = 개인성과급 중 평균율 고정 (근로조건 저하방지)	
• 금년 기본급 = 전년기본급 ×(1+차등 인상률) • 기본연봉 = 결정 기본급 ×1.13 × 14			성과급 = 기본급 14할 × 결정지급율				

② 인사제도의 검토

연봉제는 단순히 임금제도만을 변경하는 제도가 아닌 평가에 따라 임금을 차등지급하는 개별 임금제도로 연봉차등지급 기준을 마련하는 것이 매우 중요하다. 연봉차등지급에 대한 공정성과 객관성이 담보되지 않고는 연봉제가 생산성을 향상하기 보다는 노사갈등으로 이어져 조직원간의 갈등을 증폭시킬 가능성이 높다.

이때 평가의 공정성과 객관성을 확보하기위해 평가자를 명확히 하고 평가 단계를 단순화하여 평가의 투명성을 확보해야한다. 평가

단계가 중첩되거나 다단계로 이루어 질 경우 평가과정에서 오류가 발생하므로 기존의 부과제도를 팀제로 전환하거나 승진승격제도와 연계하여 종합적인 검토가 필요하다.

평가자 선정

피평가자를 실제로 파악, 관찰할 수 있는 상급자여야 한다(다면평가제 도입 시 예외). 따라서 1차 평가자는 직속 상급자로, 2차 평가자는 그 직속상급자의 직속상급자가 건고 된다. 그 구체적인 운용상의 예는 다음과 같다.

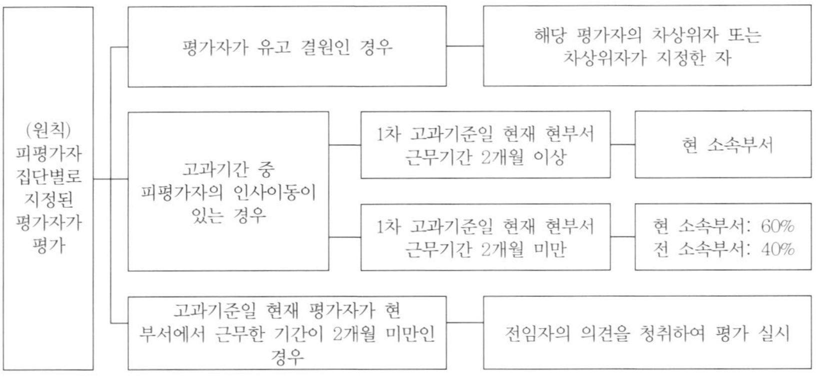

2. 연봉제 설계 기본방향

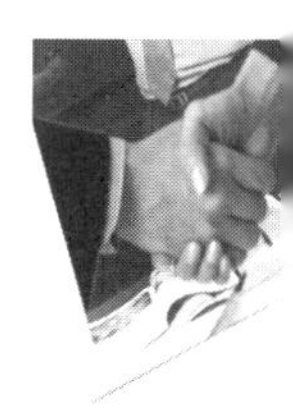

　연봉제를 도입할 때 도입 목적을 명확히 해야 한다. 기업이 성장하면서 간부사원이 많아지면서 조직의 형태가 역삼각형 또는 항아리형 고비용 저효율 구조를 바꾸려면 임금의 유연성을 통해 고용을 유연성을 유도할 수 있는 개인별 차등연봉제 도입해야 할 것이며, 근로시간과 무관한 영업, 관리, 간부직을 대상으로 연봉제를 도입할 때는 개별차등 연봉제보다는 집단보상 인센티브제도를 통해 목표설정을 통한 매출 이익 증대에 적절한 연봉이어야 할 것이다. 따라서 기존의 인사제도, 평가제도, 조직구조 등에 대한 종합적인 검토하여 연봉설계 방향을 설정해야 할 것이다.

■ 인사제도의 문제점

　연봉제 설계의 첫 단계는 앞에서 언급한 대로 구성원을 대상으로 한 인터뷰 혹은 설문조사, 조직의 전략 방향 등을 종합 검토하여 해당 조직이 추구하는 바람직한 인재상을 도출해야 한다. 그래야, 인사 철학이나 원칙, 구체적 인사시스템의 방향성을 잡을 수 있기 때문이다.

　조직 내 구성원 인터뷰를 통해 크게 자기 영역에서 조직 발전을 주도하는 Value creator(성과 측면), 담당 분야 최고의 Expert(능력 측면), 고객을 위한 Service provider(태도 측면)라는 인재상을 도출할 수 있다. 그러나 실제 인사제도 및 운영모습은 인재상의 구현을 지원하기에는 매우 동떨어져 있었다. 예를 들면 직급 체계가 명확한 기준 없이 매우 복잡하고 다단계였으며, 급여 체계는 연공순서의 직급별 호봉제 시행으로 승진 이외의 능력, 성과에 따른 보상 부재로 구성원 동기부여가 곤란하였다.

또한, 승진제도도 공통 승진기준 적용으로 업무특성을 고려하지 않은 획일적인 승진기준으로 공정성 객관성에 대한 구성원들의 문제 제기가 많았다. 이처럼, 조직 내 구성원들이 지향해야 할 인재상과 현 인사 제도의 실태를 정확히 파악하는 것이 성공적인 연봉제 설계의 출발점이다.

② 인사원칙의 재정립

연봉제를 설계한다고 해서 보상 시스템의 개선에만 초점을 맞추어서는 안 된다. 연봉제 설계 때에는 전체 조직 전략, 인사 철학, 인사 제도와의 정합성 속에서 급여 체계가 개선될 수 있도록 노력해야 한다. 예를 들어 조직 내 구성원들이 지향하는 인재상이 명확히 설정되었다면 이의 실현을 지원할 수 있도록 조직의 인사 철학 및 운영 원칙, 하부 시스템(급여 · 평가제도 등)이 정합성 있게 구축되어야 한다.

어떤 기업은 인재상 실현을 위해 인사 철학 및 제도운용 원칙이

존재하지 않아서 상황에 따라, 인사 담당자가 누구냐에 따라 자의적으로 적용되었다. 이러한 문제점을 해결하려면 구성원과의 인터뷰 및 문헌 조사를 하여 인사 철학의 구축은 능력·성과주의 의미는 구체적인 성과뿐만 아니라 성과를 내는 근원적인 힘인 구성원의 능력 개발에도 같은 중요성을 두어 성과와 성과 창출의 동일인 능력 개발의 균형을 유지하겠다는 의미이다.

이에 따라 인사제도 운용원칙은 장기적 관점 및 공평한 기회 부여, 능력 중심 및 성과에 따른 보상으로 설정하고 인사 철학을 보다 구체화하여 인사제도설계 및 운영의 기준으로 삼아야 한다.

❸ 직급체계의 정비

인사 철학 및 제도운용 원칙이 정립하고 인사 제도의 근간이 되는 직급 체계의 설정 기준을 명확히 해야 한다. 직급체계 설정 기준은 크게

① 연공 중심형
② 능력 중심형
③ 역할 중심형
④ 직무가치 중심형

등 4가지로 나눌 수 있다. 여기서 연공 및 능력 중심형은 사람 중심의 접근 방법이고, 역할 및 직무가치 중심형은 일 중심의 접근 방법이다. 각각의 설정 기준은 나름대로 장단점이 있기 때문에 이에 대한 충분한 검토를 통해 조직에 가장 맞는 직급 체계를 설

정해야 한다.

연공 중심형은 호봉 표를 두고 근속 연수에 기초하여 직급을 결정하는 것으로서 안정적인 인력 운영이 가능하고 구성원에게 안정감을 부여하는 것이 장점이다. 그러나 능력 있는 자에 대한 적절한 보상의 곤란, 능력 및 성과 미흡 자를 조직이 포용해야 하므로, 조직 운영의 효율성 저하 가능성이 크다는 것이 단점이다.

직능 중심형은 담당 업무와 관계없이 개인별 직무 수행 능력 수준에 따라 직급을 결정하는 것으로 탄력적인 인력 운영이 가능한 것이 장점이지만 일의 가치와 무관한 진급이 이루어져 고위직급 인력을 양산할 우려가 있으며 명확한 능력 단계 기준 설정 및 평가가 어려워 현실적으로 과거 연공서열의 틀과 유사한 형태를 유지할 가능성이 크다.

역할 중심형은 조직 내에서 개인이 실제 수행하는 역할에 따라 직급을 결정하는 것으로 일 중심으로 사고 전환이 가능하며 효율적인 조직 운영이 가능하다. 그러나 운영 시 역할 기준에 대한 혼선 발생 가능성이 다소 있는 것이 단점이다.

직무가치 중심형은 담당 직무의 상대적 가치에 따라 직급을 결정하여 동일 직무 수행자에게는 동일 급여를 지급하는 직급 체계로 직무의 가치와 보상이 일치하며 직급 구분 기준이 명확하다는 것이 장점이다.

그러나 탄력적인 인력 운영이 곤란하며 직무 중심의 노동시장 미형성 시 운영이 곤란하다는 단점이 있다.

　현재 우리나라 조직의 직급 체계는 주로 사람 중심으로 구성되어 있어 담당하는 일의 변화 없이도 승진이 이루어져 고 직급 인력이 양산되고 이는 연공중심의 급여체계와 맞물려 고정 인건비 증가 부담을 가져 왔다. 1990년대 이후 일부 기업은 직능 자격제(직능 중심형 직급체계) 도입을 통해 능력 중심의 인사를 실현하려 했지만, 직능 단계의 명확한 기준 구분 및 평가가 어려워 실제로 연공 중심으로 운영되는 경우가 많았다.

　이러한 문제점을 해결하려고 나타난 것이 역할 중심형(Broad-banding)이다. 이는 직능 중심형에서 직무가치 중심형으로 가는 중간의 과도기적 형태로 구성원들에게 일 중심의 사고를 함양시켜 조직 내의 기여도에 따라 직급 체계를 재설계하는 것이다. 이는 최근 미국 기업 및 국내 기업들 가운데 확산하고 있다.

　또한, 조직에 따라서는 하나의 직급체계로 설정하지 않고 직군별 특성을 반영하여 직군별 차별적인 직급 체계의 설정을 검토할 수도 있다. 예를 들어 영업직, 연구직, 전문직은 직능 중심형의 직급체계를, 기능직은 연공 중심의 직급체계를, 일반직은 역할 중심의 직급 체계를 설정할 수도 있다. 이와 더불어 연봉제를 전 구성원을 대상으로 할 것인가, 아니면 관리자급이나 특정부문에 단계별로 실시할 것인가를 검토할 수 있다.

　이를 위해서는 개선 효과, 급여 관리의 효율성, 구성원의 수용가능성 등을 종합 평가하여 적용 대상을 설정하는 것이 타당하다. 일반적으로 전 구성원을 대상으로 하면 개선 효과나 급여 관리의 효율성은 매우 높아지나, 구성원의 수용성은 떨어지고 특정 계층이나 부문에 단계별 실시하는 것은 반대의 효과가 있는 것이 전반적인 추세이다.

4 조직체계의 단순화

연봉제는 성과주의 임금 제도로 조직원의 개별평가에 따라 임금 및 승진승격에 직접적으로 영향을 미칠 수 있으므로 복잡한 다단계의 조직 체계를 어떻게 단순화할 것인가에 대한 면밀한 분석이 필요하다. 특히 부과 조직을 팀 조직으로 개편하여 팀장에게 책임과 권한을 부여함으로써 조직 목표 달성을 이룰 수 있는 조직체계 단순화 방안을 모색해야 한다.

팀제 조직의 특성

구분	부·과제 조직	팀제 조직
조직계층 및 결재단계	임원–부장–차장–과장–대리–사원	임원–팀장–팀원
조직형태	기능에 따라 세분화 경직적·방어적인 조직형태	상황에 따라 유사업무 통합 유연하고 공격적인 조직형태
조직 리더	부장, 차장, 과장	팀장
인력활용	연공서열 중심	개인의 역량 중심
직무변경	Top의 결정(업무이관, 인사발령)	팀장의 결정
의사결정	라인에 의한 계단식 의사결정	팀장과 팀원의 신속한 의사결정
권한배분	집권화 〉 분권화	집권화 = 분권화

* 나승우 외, 「연봉제 인사평가와 운영실무」

3. 연봉제 설계 단계와 과정

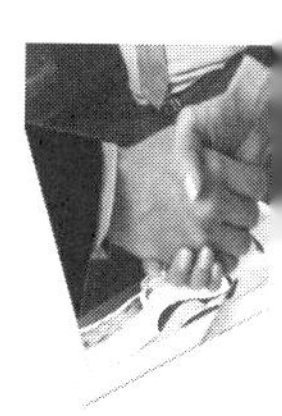

⬛1 노동관계법의 개정 방향

우리 사회의 양극화를 방지하고 저임금 근로자를 보호하려는 취지에서 노동관계법이 개정을 앞두고 있으며 주 40시간 근로제도의 확대는 연봉제 도입 시 임금구성항목을 결정하는 근로시간과 밀접한 관계가 있으며, 법정휴가제도의 개정과 폐지는 연봉제도 도입에 많은 영향을 미칠 수 있으므로 최저임금법, 근로기준법 개정, 비정규 보호법 등에 주시해야 한다.

시스템 설계 단계는 설정된 기본 방향을 토대로 급여 및 평가제도의 이슈별 대안을 설계하고 대안별로 장단점을 분석하여 조직에 가장 맞는 최적 안을 탐색하는 단계이다.

급여 체계 중심으로 시스템 설계의 이슈 및 대안 분석 과정 등을 검토한다. 급여 체계 설계 시의 주요 이슈는 세부 직급 체계 구성, 급여항목구성, 기본급(연봉)체계설계, 성과급체계설계(도입 시) 등 크게 4가지로 구분한다.

세부 직급 체계 설계 시에는 직급의 단계구성 및 구분기준, 기존 직급체계에서 새로운 직급으로의 전환방법, 직급 변화를 위한 최저 자격요건 및 방법, 직급과 호칭과의 관계설정, 직급 변화 시 급여 조정 방식 등이 주요 설계 이슈가 된다.

여기서 직급의 단계구성 및 구분기준은 신분적 보상과 금전적 보상에 대한 구성원들의 요구 정도, 실제 수행역할, 현 직급 수 등에 따라 단계 수가 많아질 수도 있고 그렇지 않을 수도 있다. 기존 직급체계에서 새로운 직급으로의 전환방법은 업무특성 및 급여관리의 효율성, 구성원 수용가능성 등을 고려하여 결정해야 한다.

예를 들어 A그룹은 구성원이 실제 수행하는 역할과 현 직급을 고려하여 9단계의 직급을 Assistant, Junior, Senior, Leader의 4단계로 재설정하였다. 그리고 계열사별로 조직 구성원의 실제 수행역할 및 현 직급·직책 수준을 고려하여 직급을 재부여하였다.

직급과 호칭과의 관계는 직급과 호칭이 일대일 대응되는 경우가 많았는데 최근에는 직급과 호칭을 분리하여 운영하는 추세이며 호칭 부여 요건을 완화하여 가고 있다. 이는 대외활동이나 기존의 신분적 정서를 고려한 대안이라고 보면 된다. 직급 변화 시 급여조정 방식은 상위직급의 하한으로 이동하는 방법이 대부분이었는데 역할 중심으로 직급 체계를 설계하게 되면 수평 이동하는 방법이 중심이 되게 된다.

직급 체계 변경(예)

기존 직급 체계		변경된 직급 체계		
직급	직급 호칭	명칭	자격 요건	담당 업무
1급	부장	팀장	3급 차장에서 1급 부장 중	팀 책임자 및 팀원 1차 평가자
2급				
3급	차장			
4급	과장	파트장	5급 대리에서 4급 과장 중	업무별 기안자
5급	대리			
6급	주임	담당	6급 주임에서 9급 사원	담당업무 수행자
7급	사원(대졸)			
8급	사원(전졸)			
9급	사원(고졸)			

② 급여 항목은 단순화

급여항목은 급여 관리의 효율성 및 투명성 증대를 위해 기본급, 성과급, 법정수당 등으로 단순·명확하게 하는 것이 바람직하다.

즉 성과에 관계없이 모든 구성원에게 공통으로 지급하던 급여 항목은 모두 기본급에 흡수 통합하고, 개인별 조직 기여도 및 능력 발휘 기대 수준에 따라 연초에 미리 결정하여, 능력급으로 지급하는 것이 좋다.

또한, 성과급은 연초에 설정된 조직(혹은 개인) 업적의 목표대비 달성 정도에 따라 누적 없이 차등 지급되는 급여부분으로 적정 표준 비중 및 초기 재원 마련 방법을 명확히 설정하는 것이 중요하다. 법정 수당은 법적으로 지급하도록 규정한 제반 수당에 대해서 법정 수당으로 명칭을 변경하고 발생 기준으로 지급하는 것이 바람직하다. 이밖에 특별 인센티브 항목을 만들어 특정 직군(R&D 등)이나 직급에 필요하면 도입하는 예도 있다.

급여 체계 변경(안)

연		봉		연봉 외 급여
기본연봉		성과연봉		
기본급	직책수당	식대	상여금	인센티브
	시간외수당 (고정 O/T 수당)	가족수당		PI
	직무수당	차량유지비		PS
	능력급	통근수당		연월차수당
	생활보조수당	급식수당		자격수당

③ 기본급의 설계

기본급 체계의 주요 설계 이슈는 기본급의 변동 폭, 조정 방식, 지급 방식 등 크게 3가지이다. 기본급의 변동 폭은 동일 직급 내에서 기본급 수준이 변할 수 있는 범위로서 외부 인재유치 필요성 및 내부 구성원들의 동기유발, 위화감 조성 여지 등을 고려하여 적정 수준으로 설정하는 것이 바람직하다.

직급별 기본급의 변동폭은 직무가치이나 역할 중심형은 관리의 중요성이 높지만, 다단계로 구성될 가능성이 큰 연공 또는 직능 중심형은 관리의 중요성이 약해진다.

대부분 연봉제를 도입하는 조직은 도입 초기에는 차등 폭을 최소화하여 구성원들의 의식이 바뀌고 평가의 공정성을 확보할 수 있는 준비 기간을 두는 경우가 대부분이며, 일부 조직의 경우에만 시행 초기부터 차등 폭을 크게 하여 조직에 강한 긴장감을 불어넣고 있다. 어느 것이 바람직한가는 조직의 특성이나 구성원의 수용성 정도가 중요한 요인이 될 것으로 판단된다.

기본급 지급 방법은 1/12, 1/16, 1/18, 1/24 등 여러 가지 방법이 있다. 연봉제 도입의 취지 및 명분을 고려하면 1/12로 분할 지급하는 방식이 적합하나, 상여금 포함하여 연봉제를 설계한 경우 상여금의 통상임금화를 막으려면 1/16, 1/18 방식을 택하여 분기별, 격월별로 상여금을 지급하는 것이 바람직하다.

연봉 차등 지급 체계(예)

구	분		구성비	지급기준
		등 급		
기본연봉	성과연봉	A	20%	기존인상률×2.0
		B	30%	기존인상률×1.5
		C	40%	기존인상률×1.0
		D	10%	기존인상률×0

4 성과급의 설계

성과급 체계의 주요 설계 이슈는 성과급 비중, 성과급 재원 마련, 성과급 배분기준, 성과급 지급방식을 명확히 설정하는 것이다. 성과급 비중은 구성원들의 총 보수에서 성과급이 차지하는 평균 비중으로 조직특성을 반영하여 비중을 차별화하고 장기적으로는 조직 내 부서 특성(라인부서, 스텝부서)도 고려하여 차별화하는 것이 바람직하다.

예를 들어 공공서비스 성격이 강하고 구성원의 노력에 의한 성과 변동폭이 크지 않으며 상대적으로 정략적 성과 평가가 어려운 조직은 성과급 비중을 가능한 한 낮게 설정하고 그 반대는 성과급 비중을 더욱 높게 설정할 수 있다.

성과급 재원 마련 방법으로는 상여금의 일정 부분을 성과급 재원으로 활용하는 방법, 상여금은 기본급으로 흡수하고 별도의 성과급 재원을 추가 마련하는 방법, 상여금의 일정 부분과 별도의 추가 재원을 동시에 활용하는 방법 등을 생각해 볼 수 있다.

조직의 추가 재원 마련 및 구성원의 수용 가능성 등을 고려하여 정책적으로 결정하는 것이 바람직하다. 될 수 있다면 별도의 재원을 추가로 마련하는 방법이 구성원으로서 가장 좋으며, 여의치 않았으면 서로 이익(win-win)의 관점에서 상여금의 일정 부분과 별도의 추가 재원을 동시에 활용하는 방법이 타당하다. 기존에 받던 상여금 일부를 재원으로 마련하는 방법은 개인별 급여 수준의 감소 여지로 말미암은 구성원의 저항과 반발이 매우 크기 때문에 채택하기가 매우 어려운 방법이다.

성과급 배분기준은 크게 집단(조직이나 부서)성과기준, 개인업적기준, 집단성과 및 개인업적 종합기준 등 3가지로 나눌 수 있다. 집단성과기준은 조직 내 협조하는 분위기 형성이 쉬우나 무임승차(Free-rider) 의식이 발생할 우려가 있다. 개인업적기준은 개인별 책임의식을 강화할 수는 있으나 개인 중심주의가 심화하여 조직의 분위기를 해칠 우려가 있다.

집단성과 및 개인업적 종합기준은 개인별 책임의식 및 조직 내 팀워크를 동시에 강조할 수 있으나 이중계산으로 성과급의 초점이 흐려질 우려가 있다. 따라서 대안별로 장단점이 있기 때문에 조직 및 업무 특성, 구성원들의 정서를 고려하여 적정한 방법을 설정하는 것이 타당하다. 우리나라 기업은 업무 특성이 구성원간 협동과 팀워크가 중요시되는 경우가 많아 초기에는 집단성과를 기준으로 배분하는 것이 좋을 듯하다.

성과급 지급 방식은 몇 번에 나누어 지급하기보다는 구성원들에게 실질적인 동기부여 효과를 유발할 수 있도록 회계연도 말에 일시불로 지급하는 경우가 많다.

S 기업의 성과급 지급기준(예)

① PI(Productivify Incentive) : 생산성 격려금
- 기본급에 0~150%, 반기 1회(연 2회 지급)
- 그룹평가, 부분평가, 본부평가, 부서평가에 따라 차등지급

② PS(Profit Sharing) : 이익분배금
- 1년 단위 세전 이익분에 대하여 개인연봉의 0~50% 연 1회 지급
- 각사별 평가·부분별 평가·부서평가 반영

4. 인사와 임금 제도의 정비

연공서열 중심의 임금과 인사 제도에서는 조직원의 임금 및 승진 결정에 근속연수가 가장 중요한 요소이나 직무중심의 능력급 임금 체계에서는 개인의 능력에 다른 평가 및 연봉이 결정적 요소를 작용하므로 평가기준에 따른 승진승격제도와 체류연한을 조정해야 하며, 평가의 객관성과 공정성을 높이려면 조직별 평가요소를 무엇으로 할 것인가 매우 중요하다. 따라서

① 직무분석

② 팀제도입

③ 목표관리제(MBO)

④ 교육제도

등의 제도 정비가 필요하다.

임금 체계의 비교

연공 중시형 임금체계	능력 중시형 임금체계
• 연공급 체계	• 능력성과급 체계
• 직위등급제 방식	• 능력등급제 방식
• 승진·승격의 미분리	• 승진·승격의 분리
• 연공기준 승진제도	• 성과기준 승진제도
• 감점주의 상대평가	• 육성형·가점주의 절대평가
• 상사 평가	• 목표관리제도, BSC평가
• 근로시간의 양(量)중시	• 근로시간의 질(質)중시
• 노동의 투입 측면 강조	• 노동의 성과측면 강조
• 연령, 성별, 근무연수	• 직무의 가치
• 일방적 계약	• 계약자유의 원칙
• 객관적 수치	• 주관적 평가
• 노력(성질)결과형 임금제도	• 동기부여형 임금제도
• 임금의 복잡성	• 임금의 단순성

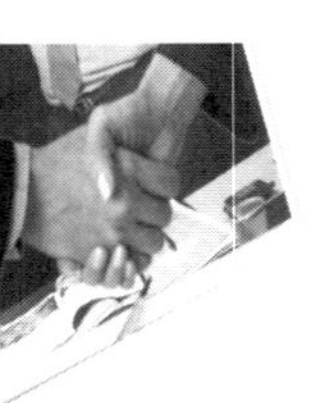

5. 연봉대상자의 적용범위 검토

연봉제는 개인별 능력에 따른 임금의 차등지급을 그 근간으로 하고 있으므로 조직 개인의 능력보다는 팀워크를 요구하는 조직이나, 육체적 노동의 대가를 받는 교대근무자, 생산현장 근무자는 연봉제도가 적절하지 않을 수 있으며, 연봉제 시행 대상도 가능한 관리감독자(과장급 이상), 비조합원 등과 같이 노동법상 근로시간 단체협약의 영향을 받지 않는 계층부터 점진적으로 확대하는 것이 바람직하다.

적용	적합한 경우	부적합한 경우
조건	• 자신의 의사·판단에 따라 업무를 수행하는 근로자 • 시간 관리의 대상에서 제외되는 근로자 • 업무상 역할·책임이 분명하고, 실적파악이 가능한 근로자 • 능력 활용 단계에 있는 근로자 • 성과측정이 가능한 계층	• 업무의 지시·명령을 받아 업무를 수행하는 근로자 • 시간 관리의 대상에서 제외되지 않는 근로자 • 업무상 역할·책임이 불분명하고, 실적파악이 곤란한 근로자 • 능력 개발 단계에 있는 근로자 • 성과측정이 불명확한 계층
대상	• 관리직, 전문기술직, 영업직	• 일반사무직, 생산기능직

5장

연봉제 설계 체크포인트

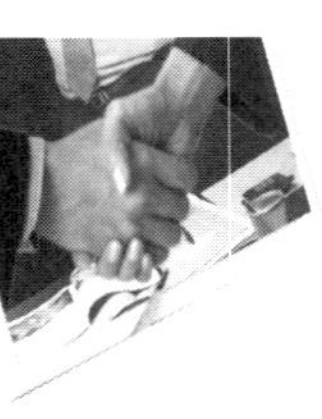

1. 연봉의 구성항목 검토

현 노동관계법상 임금의 정의(근로의 대상적 가치로 지급된 급여) 규정과 통상임금·평균임금 조항이 그대로 있는 한 이를 위반하거나 이를 임금체계에 충분히 반영하지 않으면 자칫 연봉제가 통상임금의 극대화로 이어져 부가임금을 상승시키는 부작용을 가져 올 수 있으며, 각종 수당의 폐지는 비과세 혜택을 없애는 결과를 가져와 직원의 실질임금을 하락시키면 연봉제를 통한 생산성 향상은 기대하기 어려울 것으로 판단된다.

따라서 기존의 임금체제를 적절히 활용하면서 연봉제의 목표인 개인의 능력에 따른 임금을 지급할 수 있는 한국형 연봉제 도입이 필요하다.

유형	연봉구성항목			
연수 관리 방식	기본급	제수당	고정상여	변동상여
수당 유지	기본연봉	제수당	업적연봉	
수당 폐지	기본연봉		업적연봉	
완전 연봉제	단일연봉			

도입 초기 ↕ 도입 성숙기

2. 기본연봉의 설계 검토

　기존의 임금항목 중 어디까지를 기본연봉에 포함할 것인가를 결정하는 과정으로 일반적으로 전 직원에게 정기적이고 일률적으로 지급하는 수당을 대상으로 기본연봉을 잡는 것이 바람직하며, 특별히 몇몇 직원에게만 지급하는 자격수당, 현장수당, 특수수당은 성과연봉에 포함하는 것이 바람직하다. 또한, 기본연봉은 회사의 승진체류 기간을 고려하여 근속연수에 따라 차등하는 것이 바람직하다.

- 기본연봉 = 종합급
- 기본연봉 = 기초급 + 연공급 또는 직능급
- 기본연봉 = 공통급 + 능력급 + 직무급

기본급	종합급		기본연봉 (일부수당 제외)
	기초급	연공급, 직능급	
제수당	직무관련수당(직급, 직무, 직책수당 등)		
	생활관련수당(가족, 근속, 주택수당 등)		
상여금	고정적 상여		성과연봉
기타	자격수당, 현장수당, 특수수당		특수수당

3. 업적연봉의 설계 검토

업적연봉 또는 성과연봉은 상여금을 대상으로 설정하는 경우가 많으며 개인 평가에 따라 차등 지급하는 것이 일반적으로 연봉제도에서 가장 핵심적 부분이다. 상여금을 차등 지급하려면 취업규칙상 기본급에 % 지급 기준을 개인의 평가에 따라 차등 지급되는 것으로 규정을 변경해야 한다. 또한, 성과연봉을 평가에 따라 어떻게 차등 지급할 것인가에 따라,

① 기본연봉 기준 방식

② 평가등급별 정액 방식

③ 기본연봉×지급계수정액 방식

④ 전년도실적×고과계수 방식

⑤ 평가점수×단가 방식

등 다양한 형태의 성과연봉 지급 방식을 결정할 수 있으며 각각의 지급방식마다 장단점이 있다.

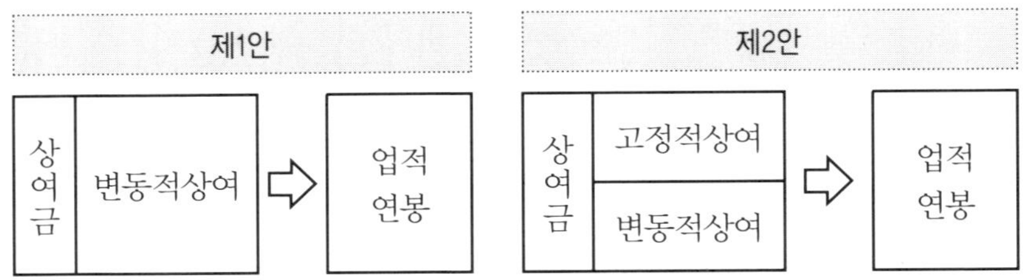

■ 기본연봉 기준 방식

거인의 기본연봉을 기준으로 업적연봉을 결정하는 방법

> 업적연봉 = 개인의 기본연봉 × 지급계수

- **계산방식**

  ① 지급계수(상여금 연간 4개월분일 때)

          S (매우 우수) : 6.4
          A (우수)　　 : 4.8
          B (보통)　　 : 4.0
          C (약간 부족) : 3.2
          D (부족)　　 : 2.4

  ② 기본연봉이 3,000만 원인 근로자가 업적평가 A를 받은 경우

    * 업적연봉 : 3,000만 원 × 1/12 × 4.8 = 1,200만 원

■ 평가등급별 정액 방식

업무목표 달성도에 근거해 미리 일정액의 업적급을 정해 두는 방법

● **계산방식**

　지급실적, 연봉제 이외의 근로자에 대한 상여금 지급액, 회사의
지급능력 등을 기준으로 다음과 같이 결정

S 평가 : 900만 원

A 평가 : 800만 원

B 평가 : 700만 원

C 평가 : 600만 원

D 평가 : 500만 원

■3 기본연봉×지급계수+정액 방식

　기본연봉을 기준으로 정하는 부분과 일률지급액으로 업적연봉을
결정하는 방법

업적연봉 = 개인의 기본연봉×지급계수 + 정액지급액

● **계산방식**

① 지급계수(상여금 연간 4개월분일 때)

S (매우 우수) : 6.4

A (우수)   : 4.8

B (보통)   : 4.0

C (약간 부족) : 3.2

D (부족)   : 2.4

② 정액지급분 : 200만 원

　＊ 정액지급분 결정방법 : 일률적으로 정하는 방법, 직책에 따라 정하는 방법

- 과장급 200만 원
- 차장급 250만 원
- 부장급 300만 원

③ 기본연봉이 3,000만 원인 근로자가 업적평가 A를 받은 경우

　＊ 업적연봉 : 3,000만 원×1/12×4.8+200만 원=1,400만 원

④ 전년도실적×고과계수 방식

전년도 실적에 대해 업적평가에 근거한 고과계수를 곱하여 결정하는 방법

- **계산방식**

① 고과계수

S (매우 우수) : 1.6
A (우수)　　　: 1.3
B (보통)　　　: 1.0
C (약간 부족) : 0.8
D (부족)　　　: 0.6

② 전년도 업적연봉이 900만원인 근로자가 업적평가 A를 받은

경우

　＊ 업적연봉 = 900만원 × 1.3 = 1,170만원

　＊ 고과계수는 직급별로 결정할 수도 있음·

5. 평가점수×단가 방식

인사평가를 점수방식으로 하여 총 점수에 단가를 곱해 업적연봉을 결정하는 방법

$$업적연봉 = 평가점수 \times 단가$$

● **계산방식**

① 평가요소별 점수 배분

- 업무목표 달성도 ： 50점
- 노력도　　　　 ： 20점
- 지도육성도　　 ： 20점
- 자기계발　　　 ： 10점

- 합　　　계　　 ： 100점

② 단가

- 부장급 : 10만 원
- 차장급 : 8만 원
- 과장급 : 6만 원

③ 연말에 업무목표달성도 45점, 노력도 17점, 지도육성도 18점, 자기계발 8점, 합계 88점을 받은 부장급 경우

* 업적연봉 : 88점 × 10만 원 = 880만 원

4. 집단성과의 보상설계 검토

　연봉제 개별보상에 따른 조직원들 간의 갈등을 조정하고 팀워크(Team Work)를 통한 목표달성을 고취하려고 부서별, 부분별, 사업부별, 목표달성에 따라 성과를 보상하는 제도이다.

　집단보상제도로 가장 많이 활용되고 있는 생산격려금제도(PI)는 연 2회 반기별 평가를 통해 생산성 달성 여부에 따라 기본급에 0~150% 안의 범위에서 연 2회 지급하는 제도며, 이익분배급제도(PS)는 1년 단위 당기순이익 달성 여부에 따라 연봉에 0~50% 안의 범위에서 지급하는 집단성과급(incentive)제도이다.

PI·PS 제도비교

구분	지급기준	지급시기	지급대상	기타
PI 생산격려금	기본급×0~150% 연 2회	7월, 1월	지급일 현재 재직자	임금성 일부인정
PS 이익분배금	연봉×050% 연 1회	2월	〃	임금성 부정

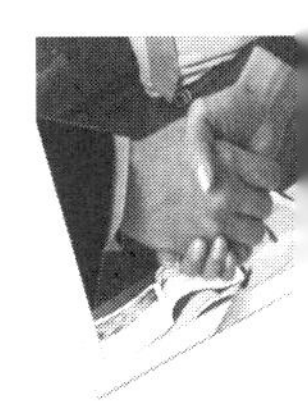

5. 기본연봉과 성과연봉의 구성비율

연봉제는 기존 임금체제를 부정하는 혁신적인 임금체계로 이를 기존 조직원들에게 적용하는 데 있어 3단계로 나누어 점진적으로 확대하는 것이 새로운 제도에 대한 조직원의 반발 및 불만을 최소화시키는 방법이며, 조직의 안정성을 유지하면서 조직원의 생산성 향상의 동기부여를 제공할 수 있는 방식으로 제도를 운용하는 것이 바람직하다.

따라서 연봉제 도입은

- 도입기 : 기본연봉(70%), 성과연봉(30%)
- 성숙기 : 기본연봉(60%), 성과연봉(40%)
- 정착기 : 기본연봉(50%), 성과연봉(50%)

의 단계적 방법으로 연봉제를 확대 적용시키는 것이 좋다.

기본연봉과 성과연봉의 단계별 적용 비율

1단계 도입기		2단계 성숙기		3단계 정착기	
기본연봉	업적연봉	기본연봉	업적연봉	기본연봉	업적연봉
70%	30%	60%	40%	50%	50%

(표준형)　　　　　　　　　　　　　　　　　　　　　　　　(자극형)

도입 후 2년	3~5년	6~7년 후
- 기준연봉은 동일직급 동일적용 - 업적급의 차등화 • 감액은 없고, 목표를 초과한 근로자에게만 가급	- 기준연봉은 직급별 상하한선을 설정, 하한액으로 최저보장 - 업적급의 격차 확대 • 감액은 없으나 성과 미흡한 근로자는 경고	- 기준연봉의 상하한선을 설정, 하한액을 최저보장 - 업적급의 격차를 크게 확대 • 2년 연속 경고 근로자는 감봉

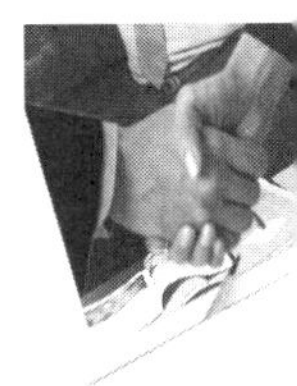

6. 연봉의 차등범위 결정

성과연봉의 차등 지급은 동일직급 내 차등과 직급 간 차등으로 구분하여 결정할 수 있으며, 직급 간 차등은 연봉역전현상을 유발하여 조직원들 간의 불협화음을 일으킬 수 있으나 고위직급 저효율의 조직원은 자연감모 효과를 위해서는 어느 정도의 차등 지급이 불가피하다.

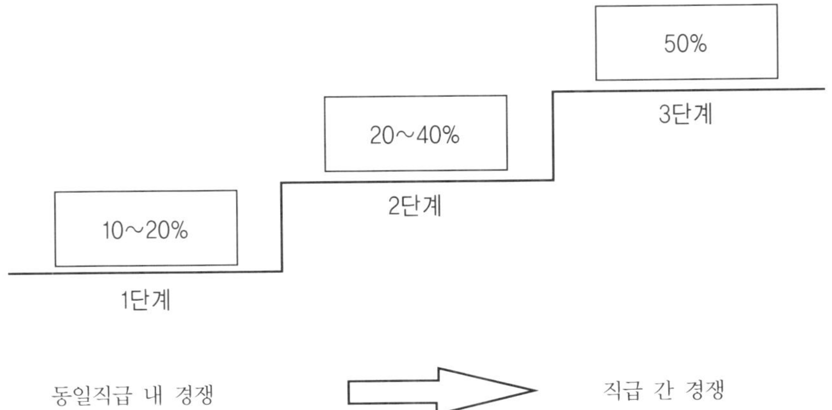

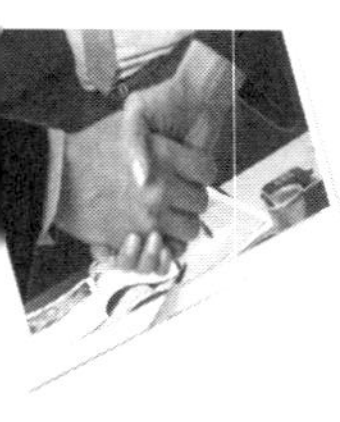

7. 연봉의 지급방식 검토

연봉의 지급방식은 '정기지급 원칙'을 위반할 수는 없으며 총 연봉을 1/12 방식으로 지급하면 상여금을 매월 지급하는 꼴이 되어 잘못하면 상여금이 통상임금화 할 수 있으므로 연봉지급 방식은 1/16, 1/18 등과 같은 매월보다는 격월, 분기 지급방식을 택하는 것이 바람직하다.

기본급	본봉, OT 수당 (능력급)
제수당	직무관련수당 (직급, 직무, 직책수당 등)
	생활관련수당 (가족, 근속, 주택수당 등)
상여금	고정적 상여
	변동적 상여
법 정 수 당 (연월차수당)	

⇒

기본연봉 (통상임금 12개월분, 호봉제 폐지)
업적연봉(고정적 상여)
업적연봉(변동적 상여)
법 정 수 당

연봉지급방법 : 1/12(미국형), 1/16, 1/18, 1/19, 1/20 등

8. 연봉의 운용방식 검토

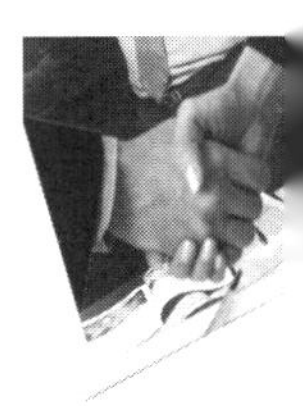

플러스섬 방식이란 인건비 절대액(예산)이 사전적으로 정해져 있지 않은 경우로 성과가 매우 우수한 사람에게는 그에 상응하는 성과급이 지급되지만, 반대로 성과가 기대에 못 미치는 사람에 대해서는 성과급이 지급되지 않는 것을 말한다. 따라서 사원 개인으로서는 고임금이 기대되고, 회사로서는 저 인건비를 실현할 수 있다.

제로섬 방식이란 인건비 절대액(예산)이 사전적으로 정해져 있는 경우로 성과가 불량한 사람의 임금을 성과가 좋은 사람에게 돌려주는 것을 의미한다.

플러스섬 방식은 누적 연봉 상승에 따른 임금 인상 폭이 너무 커져 인건비 부담을 가중시킬 가능성이 있으며, 비누적식의 경우 승진승격 자의 전년도 연봉보다 실질연봉이 감소할 수 있다.

운영방식	연	봉
	Plus-sum방식(가급제)	Zero-sum방식(가감급제)
연봉 구성별 인상 방식	기본연봉	업적연봉
	누적식	비누적식(패자부활)

연봉조정 방법의 검토

구분	조　정　방　법
A사	고과등급별 가감표에 따라 가감
B사	Base-up : 표준연봉 × 인상률 업적가급 : 인상된 표준연봉 × 업적고과 등급별 개인지급률
C사	Base-up : 인상된 × 노사협의 인상률 업적가급 : 인상된 기본연봉 × 능력급 인상률(능력급 인상 테이블 적용)
D사	평가등급에 따라 차별인상률 적용(연봉인상률표)
E사	고과성적별 차등인상률 적용
F사	연봉 = (전년도 연봉) × (Base-up률) × (평가차등조정률) 성과가급 = (당년도 연봉) × (성과가급 차등지급률)

9. 연봉의 구성체계 사례

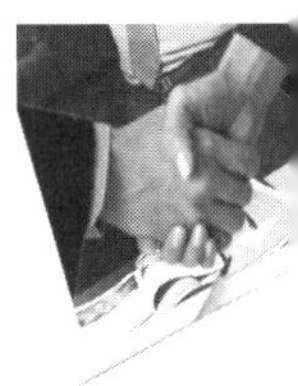

A 사의 연봉제 임금 구성 체계

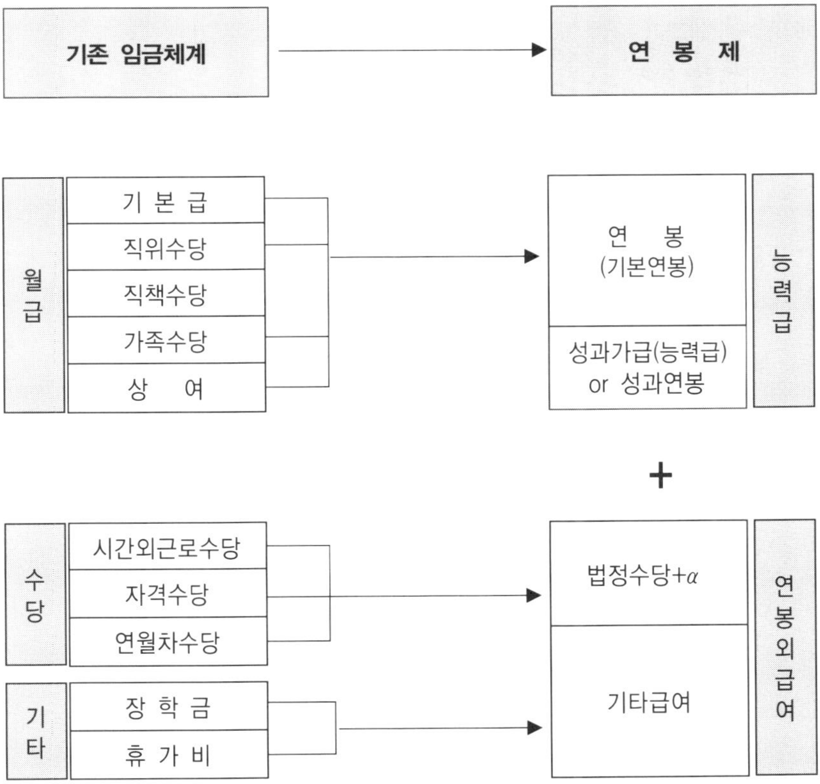

| 기존 임금체계 | → | 연 봉 제 |

B 전자의 연봉제 임금 구성 체계

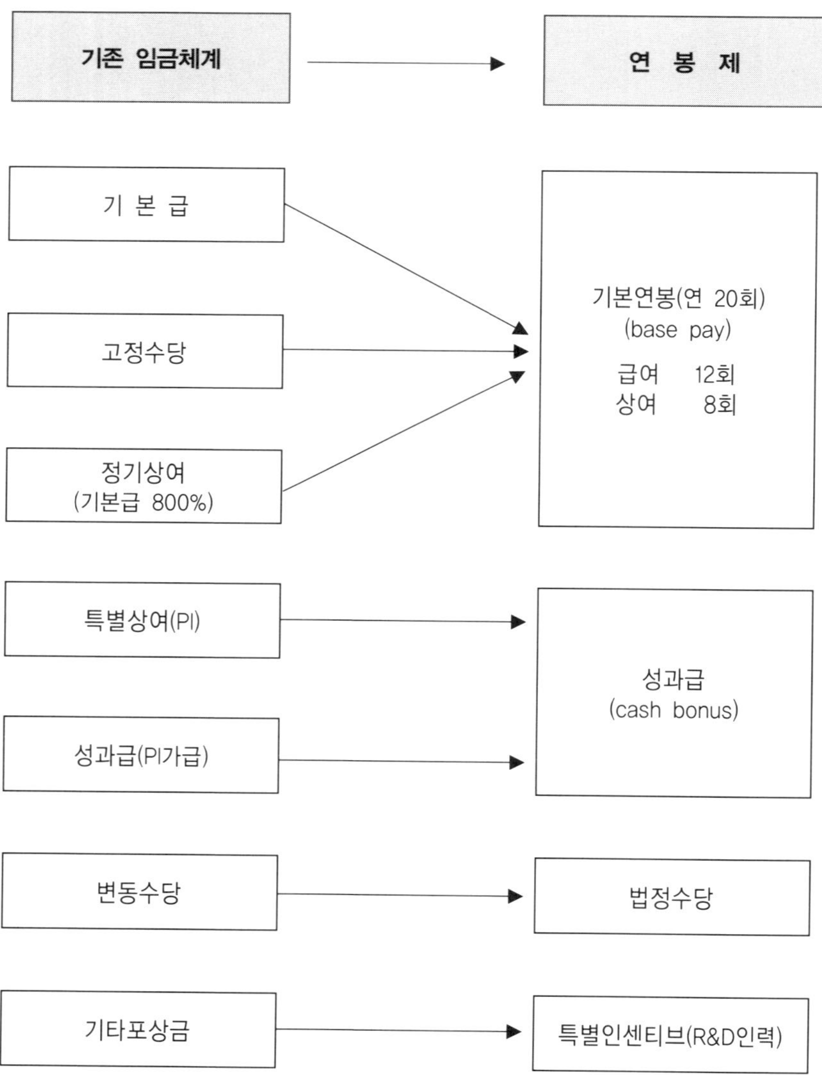

C 통신의 연봉제 임금 구성 체계

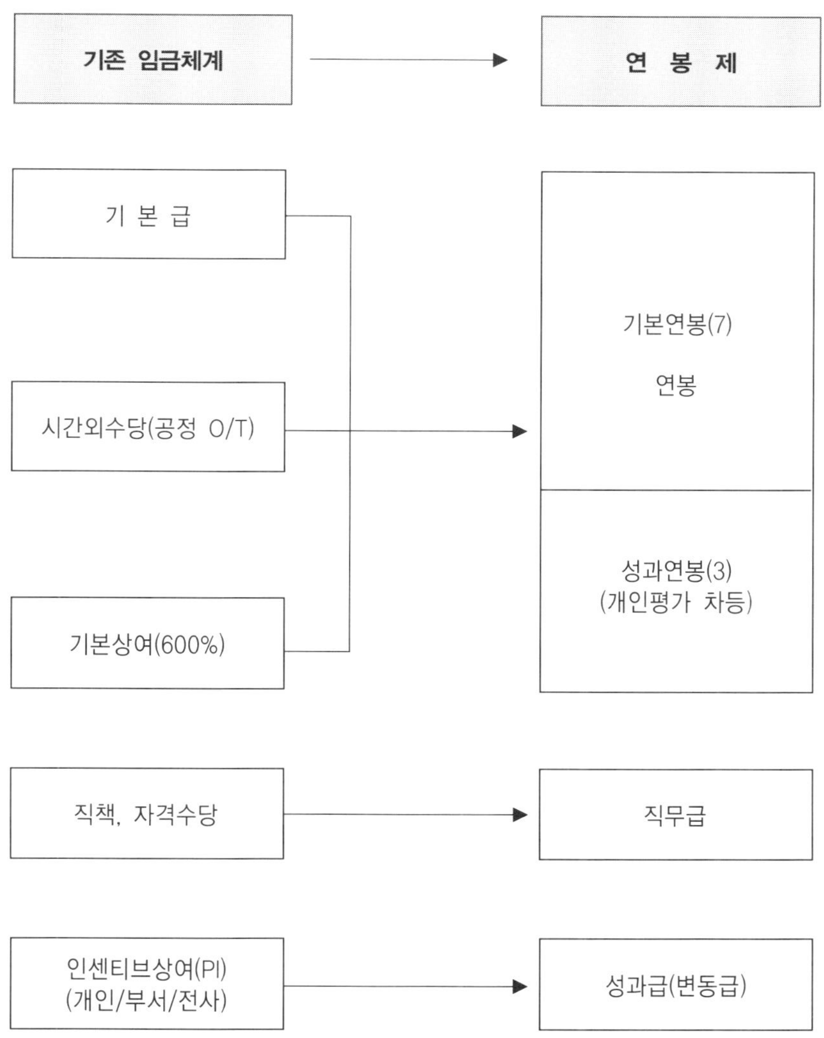

※ 개인별/부서별/사별 평가에 따라 차등지급

D 사의 연봉제 임금 구성 체계

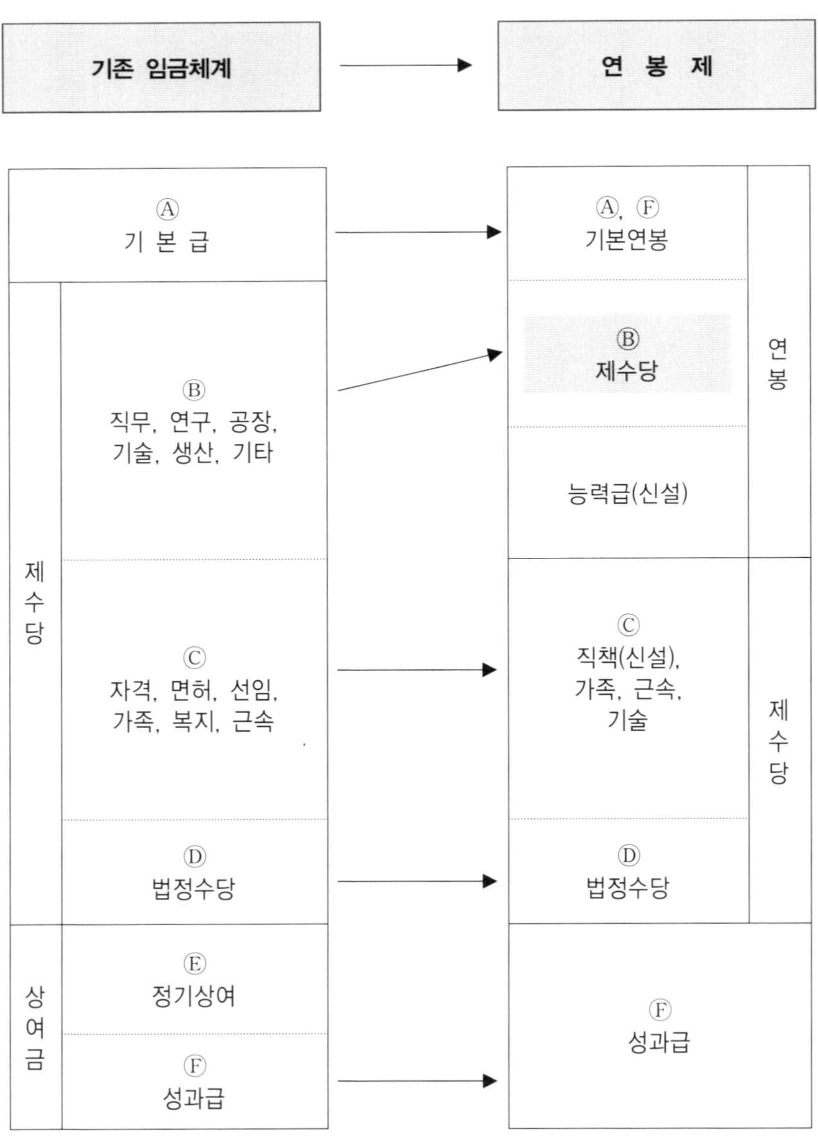

6장

연봉제 운용 체크포인트

1. 현행 근로기준법에서 연봉제 운용방법

근로기준법 제2조 제5항에 의하면 '임금'이란 사용자가 근로의 대가로 근로자에게 임금, 봉급, 그 밖에 어떠한 명칭으로든지 지급하는 일체의 금품을 말한다. 우리나라 연봉제 유형을 보면 기본연봉, 성과연봉의 형태로 구성되어 있으며 성과연봉은 기업에 따라 차이는 있으나 개인 성과에 따른 개별 성과연봉과 부서나 부문에 따른 집단 성과연봉으로 나누어 지급된다. 이때 지급되는 개인·집단 성과연봉에 대해 임금성 논란이 있다.

근로기준법 제2조 제6항에 의하면 '평균임금'이란 이를 산정하여야 할 사유가 발생한 날 이전 3개월 동안에 그 근로자에게 지급된 임금의 총액을 그 기간의 총일수로 나눈 금액으로 퇴직금, 산재보상금, 휴업수당을 지급 시 산정해야 한다. 따라서 연봉은 매년 개인의 평가 결과에 따라 달라지는 임금체계에서 평균임금 문제를 어떻게 해결해야 할 것인지가 연봉제를 설계하는 과정에서 고려해야 할 과제이다.

특히 시행령 제6조에 의하면 '통상임금'이란 근로자에게 정기적이고 일률적으로 소정 근로 또는 총 근로에 대하여 지급하기로 정한 시간급 금액, 일급 금액, 주급 금액, 월급 금액 또는 도급 금액을 말한다. 따라서 연봉제를 도입하여 운영하면서 가장 어려운 문제는 그동안 통상임금에 해당하지 않던 상여금, 각종 수당이 모두 포함되어 매월 지급되는 경우 통상임금이 상승하여 사업주의 임금부담을 가중시킬 가능성이 매우 커진다.

[판 례] 효도제례비, 연말특별소통장려금, 출퇴근 보조여비는 정기적 일률적 고정적으로 지급되는 임금으로서 퇴직금 산정의 기준이 되는 통상임금에 해당 한다(대법 2007.06.28. 선고 2006다1388 판결).

☞ 근로기준법상 '임금'이라 함은 '사용자가 근로의 대상(對償)으로 근로자에게 임금, 봉급 기타 어떠한 명칭으로든지 지급하는 일체의 금품'을 말한다 (근로기준법 제18조). 그리고 소정 근로 또는 총 근로의 대상(對償)으로 근로자에게 지급되는 금품으로서 그것이 정기적·일률적으로 지급되는 것이면 원칙적으로 모두 통상임금에 속하는 임금이라 할 것이나, 근로기준법의 입법 취지와 통상임금의 기능 및 필요성에 비추어 볼 때 어떤 임금이 통상임금에 해당하려면 그것이 정기적·일률적으로 지급되는 고정적인 임금에 속하여야 하므로, 정기적·일률적으로 지급되는 것이 아니거나 실제의 근무성적에 따라 지급 여부 및 지급액이 달라지는 것과 같이 고정적인 임금이 아닌 것은 통상임금에 해당하지 아니한다고 할 것인데, 여기서 '일률적'으로 지급되는 것이라 함은 '모든 근로자'에게 지급되는 것뿐만 아니라 '일정한 조건 또는 기준에 달한 모든 근로자'에게 지급되는 것도 포함되고, 여기서 말하는 '일정한 조건'이란 '고정적이고 평균적인 임금'을 산출하려는 통상임금의 개념에 비추어 볼 때 '고정적인 조건'이어야 한다. 따라서 이 사건 효도제례비, 연말특별소통장려금 및 출퇴근보조여비는 모두 근로자들에 대하여 근로의 대가로서 정기적·일률적·고정적으로 지급되는 임금이라고 할 것이어서 통상임금에 해당한다.

연봉제는 성과주의 임금제의 한 유형으로 연봉제를 근로자가 동의했다고 해서 근로기준법상 사업주에게 의무화되어 있는 퇴직금제도가 당사자 간의 합의만으로 면책될 수 있는 것이 아님에도 일부 사업주들이 고액의 연봉을 제시하면서 또는 퇴직금 중간정산제를 악용하여 연봉계약 근로자에게 퇴직금을 포함하는 연봉계약을 체결하여 근로자 노후보장성 퇴직금제가 무력화되어 가고 있다.

이에 대법원은 당사자 간의 합의로 연봉에 퇴직금을 포함하여 계약을 체결했다 할지라도 1년 미만의 근로자는 퇴직금이 발생하지 않았는데 이를 연봉에 포함하여 매월 지급한 퇴직금은 무효라고 판시하고 있고 노동부도 행정해석을 변경하여 1년 미만 근로자에게 퇴직금을 포함한 연봉계약은 무효라고 해석하고 있다.

사업주들이 연봉제를 직종, 직급, 절차를 무시하고 무분별하게 도입하다 보니 근로기준법상의 근로자의 기본권을 침해하는 연봉계약을 강요하거나 심지어 연봉제 근로자에게는 시간외근로수당을 지급하지 않는다.

우리나라는 아직 근로기준법이 미국과 같이 이원화되어 있지 않아 연장, 휴일, 휴게 적용제외 근로자를 제외하고는 법정근로시간 이상의 근로에 대해서는 연장근로수당을 지급하여한다. 따라서 연봉제가 정량(定量)적 평가에 따른 임금제가 아닌 정성(定性)적 임금제에서 시간 외 근로를 어떻게 처리하는 것이 바람직한지 살펴보기로 한다.

또한, 연월차휴가제도는 근로자의 장기근로에 대한 휴식의 시간을 부여하여 근로자의 건강과 여가를 보상하기 위한 제도임에도 우리나라 많은 사업장에서는 휴가보다는 이를 수당으로 지급받는 것이 현실이다. 심지어 휴가 청구권을 인정하지 않고 포괄임금제를 통해 임금 속에 매월 수당을 포함하여 지급하고 있다. 연봉제를 시행하면서 연월차수당을 연봉 속에 포함하여 지급하는 경우 이는 법 위반이며 연봉제 취지에도 맞지 않는 임금제로 이에 바람직한 방안을 살펴보기로 한다.

2. 연봉제의 성과급 운용방법

한국의 연봉제 유형을 보면 많은 기업이 기본연봉(기본급+직책수당+월 고정O/T), 성과연봉(개별성과 보상=상여금 차등지급), 인센티브(집단성과보상제도=PI, PS) 형태로 운영된다.

이때 개인의 고과에 따라 차등 지급되는 성과연봉을 호봉제에서 상여금 지급기준으로 보아야 할 것인가 하는 문제다. 호봉제에서는 상여금을 지급하는 기준, 시기, 대상을 사용자가 정해 상여금은 지급일 현재 재직 중인 자에게 지급한다고 명시하고 근로자가 이를 위반하면 상여금을 지급하지 않고 있다.

연봉제에서도 개인성과 연봉을 이런 기준으로 지급하지 않을 수 있을까가 문제 된다. 판례는 연봉제에서는 개별성과금은 근로자의 근로일수에 따라 비례하여 지급해야 한다는 입장이다. 이는 이미 개별연봉계약을 통해 예정된 상여금이고 그 상여금은 노동의 대가성이 인정되므로 근로자 퇴직과 관계없이 일할계산 지급해야 한다는 취지라 할 것이다.

그렇다면 집단성과보상인 생산성격려금(PI), 이익분배금(PS)과 같은 인센티브에 대해서는 그 지급시기와 기준을 사용자가 설정했다고 하더라도 이는 임금성이 아닌 사용자가 목표를 설정하고 그 목표 달성 여부에 따라 지급되는 은혜적 호의적 성격에 가까운 급부로 판단하여 개별성과보상금과 차이를 두고 있다.

따라서 연봉계약서를 체결할 때 개별성과보상금과 집단성과보상금을 분명히 구분하고 그 지급기준을 명확히 하여 성과연봉에 대한 노사간 분쟁을 최소화해야 할 것이다. 집단성과금제도 성과와 관계없이 사업주가 매번 지급하면 이는 목표의 달성 여부와 관계없이 정기적 일률적으로 지급되는 임금으로 임금성을 부인할 수 없을 것이다.

행정해석 일정목표 달성에 기인하여 은혜적·호의적 성격을 지급되는 특별보조금은 임금으로 볼 수 없다(2000.07.25, 임금 68207-272).

☞ 근로기준법 제18조 규정에 의거 임금이라 함은 사용자가 {근로의 대상}으로 근로자에게 임금, 봉급, 기타 어떠한 명칭으로든지 지급하는 일체의 금품을 말하는 것으로서, 취업규칙이나 근로계약에 상여금의 지급조건, 금액, 지급시기가 정해져 있거나, 전 근로자에게 관례적으로 지급하는 경우라면 임금성을 인정할 수 있을 것임. 그러나 취업규칙이나 근로계약에 근로조건 등을 미리 명시함이 없이 노사합의 등의 방법을 통해 일정목표를 정해 놓고, 이 목표에 도달할 경우 일정액 또는 일정비율의 성과급 또는 격려금 등을 일정한 시기에 지급하기로 한 경우라면, 이는 협상결과에 따라 지급조건과 금액을 달리 할 수도 있고, 지급하지 않을 수도 있는 일시적·변동적 또는 불확정적으로 발생된 것이고, 그때의 상황에 따라 일정목표 달성을 위한 격려차원에서 사용자의 재량에 의해 은혜적·호의적으로 지급된 것으로 보아야 할 것이므로 이 경우의 금품에 대해서는 근로기준법 제18조에 의한 임금성을 가지는 것으로는 해석할 수 없을 것임. 귀 질의의 경우 구체적인 사실관계를 확인할 수 없어 답변하기 어려우나, 취업규칙이나 근로계약에 특별보조금 또는 초과업적상여금의 지급조건, 금액, 지급시기를 미리 명시함이 없이 "특별연체감출운동" 전개 및 "판매촉진프로그램 추진운동"의 성과에 따라 경영협의회의 결의를 거쳐 지급하는 경우라면, 이는 일

시적 상황 또는 일정목표 달성에 기인하여 은혜적 · 호의적 성격으로 지급되는 것이므로 임금의 성격을 갖는 것으로는 볼 수 없다.

3. 연봉제의 평균임금 운용방법

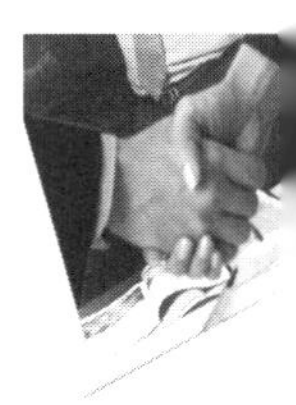

연봉제에서 평균임금의 조정방안에 대한 대법원 판례의 확립된 태도는 퇴직금의 산정 시 '평균임금의 기초에 대하여 노사 간에 별도로 합의한 경우'에는 이로써 산정한 금액이 근로기준법상 최저기준보다 많으면 유효하기 때문에 연봉제를 운용하면서 퇴직금의 산정기초나 대상이 되는 평균임금을 가변성이 없는 급여부분으로 미리 한정함으로써 연봉제운용에 따른 퇴직금액의 유동성을 예방할 수 있다.

이러한 판례의 입장에 의한다면 연봉제의 도입 시에 평균임금으로 산정해야 하는 경우를 대비하여, 평균임금의 산정 기초나 대상을 노사가 미리 별도로 합의하면서 산출되는 액수가 근로기준법에서 정한 액수보다 상회할 정도로 조정함으로써 연봉제 시행에 따른 평균임금의 상승에 따른 부담을 적절히 조정할 수 있다. 또한, 연봉제에서 집단성과급(PI, PS)제를 활용하여 일정한 부서 또는 부문별 목표를 설정하고 그 목표설정에 따라 지급기준과 시기를 정하여 사업주가 반기 또는 연 1회 지급한다면 성과에 따른 연봉변동이 평균임금에 영향을 주지 않으므로 평균임금 증감에 따른 문제를 최소화할 수 있다.

[판 례] 퇴직금 산정은 실제 일한 3개월간 평균임금에 기초해야 한다(대법 1999.05.12. 선고 97나5015 판결).

☞ 평균임금의 기본원리 및 퇴직금제도의 목적과 취업규칙에 관한 일반적 해석 기준 등에 비추어 보면, 월의 중도에 퇴직하더라도 당해 월의 보수전액을 지급 한다는 취업규칙상의 규정은 퇴직하는 근로자에 대한 임금계산에 있어서의 정책 적ㆍ은혜적 배려가 포함된 취지의 규정으로 보아야 할 것이지, 퇴직하는 근로자 에게 실제 근무일수와 무관하게 퇴직 당해 월의 임금을 인상하여 전액 지급한다 는 취지는 아니라고 할 것이다.

4. 연봉제의 통상임금 운용방법

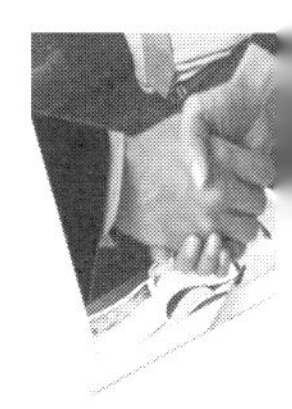

통상임금이란 근로자에게 정기적·일률적으로 지급하기로 한 소정근로시간에 대한 대가를 의미하는 것으로, 이에는 법정기준근로시간 또는 소정근로시간에 대하여 지급하기로 정한 기본급 임금과 단체협약이나 취업규칙 또는 근로계약 등에 의하여 정기적·일률적으로 임금 산정기간에 지급하기로 정하여진 고정급 임금 등은 포함되나, 연장·야간·휴일근로 등 법정제수당과 임시적·부분적·부정기적으로 지급되는 변동급 임금은 포함되지 않는다.

근로기준법은 통상임금 및 평균임금으로 이원화된 임금개념을 가지고 있으며, 이들 각각의 임금개념은 각종 법정수당 및 퇴직금의 산정 기초가 되고 있다. 연봉제에서는 각종 임금항목을 통합하여 연간 임금총액을 정하게 되므로, 근로기준법상의 임금개념의 평균임금이나 시간급개념의 통상임금으로 산정되는 각종 법정수당의 지급과 관련하여 많은 문제점을 일으킬 가능성이 있다.

그래서 일부 사업주들은 연봉제에서 통상임금 범위를 노사합의로 정하여 법정수당을 지급하는 경우 이는 근로기준법 최저기준을 위반한 단체협약으로 그 효력을 인정하지 않아 노사 갈등의 원인이 되고 있다.

판 례 통상임금에 산입되어야 할 각종 수당을 통상임금에서 제외하기로 하는 노사 간 합의는 무효이다(대법 2007.06.15. 선고 2006다13070 판결).

☞ 통상임금은 평균임금의 최저한을 보장함과 아울러 근로기준법 소정의 시간 외, 야간 및 휴일근로에 대한 가산수당이나 해고예고수당 등의 산정근거가 되는 것인바, 위 각 수당에는 가산율 또는 지급일수 외의 별도의 최저기준이 규정된 바 없으므로 노사 간의 합의에 따라 성질상 통상임금에 산입되어야 할 각종 수당을 통상임금에서 제외하기로 하는 합의의 효력을 인정한다면, 위 각 조항이 시간외, 야간 및 휴일근로에 대하여 가산수당을 지급하고, 해고근로자에게 일정 기간 통상적으로 지급받을 급료를 지급하도록 규정한 취지는 몰각될 것이므로, 성질상 근로기준법 소정의 통상임금에 산입될 수당을 통상임금에서 제외하기로 하는 노사 간의 합의는 같은 법 제22조 제1항 소정의 같은 법이 정한 기준에 달하지 못하는 근로조건을 정한 계약으로서 무효이다.

연봉제 도입 시에 사용자 측에서 가장 고민하는 것이 임금체계를 단순화하여 연봉제를 시행하는 경우에 대개 기본연봉의 증가를 가져오게 된다. 이는 결과적으로 통상임금의 증가를 가져오게 되며, 통상임금의 증가는 각종 수당과 상여금이 증가하게 된다.

이에 따라 통상임금에 포함되지 않던 제 수당을 기본급에 포함하여 연봉제 임금체계를 만들 경우에는 기본급의 증가만큼 통상임금의 증가 효과가 있게 된다.

따라서 연봉의 구성항목 중 성과연봉에 대하여 분기 또는 격월로 지급하여 월 임금 지급기의 정기성을 배제하는 방법으로 연봉지급 횟수를 1/12 아닌 1/16(3개월 1회 성과연봉 지급) 1/18(2개월 1회 성과연봉 지급) 방식을 택하는 방법이 있다.

행정해석 성과연봉은 정기적·일률적으로 지급되는 통상임금 구성 요소를 벗어나게 되어 통상임금의 범위에서 제외된다(2002.10.30, 임금 68207-798).

☞ 연간단위로 결정된 연봉총액을 16으로 균등 분할하여 이를 매월 또는 특정시기에 추가적으로 지급하는 경우에 있어서 매월(12회) 고정적으로 지급되는 연봉액은 1임금산정기간내의 소정근로에 대하여 정기적·일률적으로 지급하는 형태를 취하고 있으므로 통상임금의 범위에 포함되는 것으로 보아야 할 것임.그러나 16으로 균등 분할된 연봉액 중 특정시기(1월, 4월, 7월, 10월)에만 지급되는 금액에 대해서는 이를 1임금산정기간내의 소정근로에 대하여 정기적·일률적으로 지급되는 것으로 볼 수 없어 통상임금의 범위에서 제외되는 것으로 봄이 타당하다.

5. 연봉제의 퇴직금 지급방법

근로자퇴직급여보장법 제8조에 사용자가 퇴직하는 근로자에게 퇴직금을 지급할 수 있는 제도를 마련할 것을 규정하고 있고, 퇴직금이란 퇴직이라는 근로관계의 종료를 요건으로 하여 비로소 발생하는 것으로 근로계약이 존속하는 동안에는 원칙적으로 퇴직금 지급의무는 발생할 여지가 없다. 사용자와 근로자들 사이에 매월 지급받는 임금 속에 퇴직금이란 명목으로 일정한 금액을 지급하기로 약정하고 사용자가 이를 지급하였다 하더라도 그것은 근로기준법 제34조 제1항에서 정하는 퇴직금 지급으로서의 효력은 없다고 판시하고 있다.

판 례 퇴직금 중간정산에 관한 약정이라고 볼 수 있는 명백한 자료나 기록이 없는 한 사용자가 연봉내에 퇴직금이 포함되어 있다고 주장하더라도 퇴직금으로서의 효력은 인정되지 않는다(대법 2002.7.12 선고 2002도 2211).

☞ 중간정산을 받고자 하는 자의 별도의 요구(서면)가 있어야 한다고 하고 있고, 나아가 근로자가 매월 또는 계약기간 1년이 경과한 시점에서 미리 지급받는 퇴직금이 총액이 계약기간 1년이 경과하는 시점에서 산정한 평균임금을 기초로 한 퇴직금의 액수에 미달하지 않아야 한다고 하고 있다(1997. 5.21, 임금 68207-287).

근로기준법에서 사업주로 하여금 퇴직금 제도를 설정하도록 한 것은 근로자의 노후 생활을 보장하기 위함이다. 그러나 퇴직금 중간정산제도 도입과 임금채권 최우선 변제제도가 축소되면서 근로자의 노후보장성 퇴직금제도가 퇴색하고 있으며 사업주들이 연봉제를 악용하여 마치 연봉 근로계약 근로자에게는 퇴직금을 지급하지 않아도 되는 것으로 착각하는 예도 발생하고 있다.

특히 연봉계약을 체결하면서 연봉에 퇴직금을 포함하여 지급하는 사례가 늘면서 퇴직금제도가 더욱더 유명무실화하고 있다. 이에 대해 법원은 근속연수 1년도 되지 않은 근로자에게 매월 퇴직금을 포함하여 지급하는 것은 위법이라 판시하고 퇴직금이란 퇴직으로 말미암아 발생하는 후 불성 임금임을 명확히 하고 있다. 따라서 연봉제근로자라 하더라도 근속연수 1년 미만인 자에게 퇴직금을 포함하여 연봉계약을 체결하는 것은 위법이다.

연봉계약 시 퇴직금을 포함하여 연봉계약을 체결해야만 할 경우 1년 이상 근속자에 대해
  ① 퇴직금 금액을 연봉계약서에 반드시 표시하고
  ② 퇴직금 중간정산신청서 받아 두어 야하며
  ③ 이때 연봉금액에 표시된 퇴직금이 법정 퇴직금을 하회 할 경우 그 차액을 지급해야 할 것이다.

따라서 근로자가 매월 지급한 급여의 항목 중 퇴직금 수당이 들어 있다 하더라도 법률상 퇴직금에 해당하지 않으므로 이는 통상임금의 일부에 해당할 뿐 근로기준법상 법정퇴직금이라고 볼 수 없으며, 사용자는 퇴직적립금에 대하여 부당이득의 반환을 구할 수도

없고, 또한 이를 이유로 상계항변을 하는 것도 허용되지 아니한다 할 것이다.

근로자퇴직급여보장법 제8조 제2항은 '사용자는 근로자의 요구가 있는 경우 계속 근로한 기간에 대한 퇴직금을 미리 정산하여 지급할 수 있다.'라고 규정하여 퇴직금 중간정산제도를 인정하고 있고, 물론 이 경우에도 다음의 요건을 충족하여야 한다.

① 중간정산을 요구하는 근로자의 요구가 명시적이어야 한다고 한다. 근로자의 중간정산요구는 근로자의 자유로운 의사에 의하여야 한다. 단체협약, 취업규칙, 근로계약 등에 중간정산제도가 설정되어 있지 않았으면 근로자의 요구만으로 사용자의 중간정산의무가 반드시 발생하는 것은 아니므로, 사용자는 정당한 이유가 있는 한 근로자의 중간정산요구를 거부할 수 있고, 이와는 달리 단체협약, 취업규칙, 근로계약 등에 의하여 퇴직금 중간정산제도를 설정해도 근로자가 개별적으로 중간정산을 요구하는 때에만 유효한 퇴직금 중간정산을 할 수 있다.

② 근로기준법은 '계속 근로한 기간'에 대한 퇴직금에 한하여 중간정산을 허용하고 있으므로, 중간정산의 대상이 되는 근로 기간은 중간정산을 요구하는 시점을 기준으로 중간정산 요구 이전의 '과거의 근로 기간'만이 포함되어, 근로자가 장래에 계속 근로할 것을 전제로 중간정산 요구 이후 장래의 근로 기간에 대하여 사전에 중간정산을 하는 것은 허용되지 아니한다. 근로자는 과거의 근로 기간 전부에 대하여 중간정산을 요구할 수도 있고, 과거의 근로 기간 중 일부에 한하여 중간정산을 요구할 수도 있다.

③ 근로기준법 제17조에서 근로계약 체결 시 근로조건을 명시하도록 요구하는 점에 비추어 연봉제 계약 체결 시에 연봉 중에 포함되는 퇴직금의 액수가 명확하게 제시되어 있어야 한다.

그러므로 지난 1년간 근무한 것에 따른 퇴직금을 중간 정산하여 이를 차기 연봉에 포함해 12회로 나누어 지급할 것에 대한 근로자와 사용자와의 합의가 이루어져야 할 것이다.

연봉제의 퇴직금 중간정산 지침 변경

기존 지침 (임금 68200-65호, 2002.1.30)	신규 지침 (퇴직급여보장팀-1276호, 2005.12.23)
퇴직금을 중간정산 받고자 하는 근로자의 요구가 있어야 함	퇴직금을 중간정산 받고자 하는 근로자의 별도의 요구가 있어야 하며, 중간정산금을 매월 분할하여 지급한다는 내용이 명확하게 포함되어 있어야 함 (근로·연봉계약서에 기재시 불인정)
근로계약에 의해 매월 또는 계약기간 1년 경과시점에서 근로자가 미리 지급받은 퇴직금총액이 계약기간 1년 경과시점에서 산정한 평균임금을 기초로 한 퇴직금액수에 미달하지 않아야 함	중간정산 대상기간은 중간정산 시점을 기준으로 기왕에 계속근로를 제공한 기간만 해당됨(근속기간 1년 미만자는 법정퇴직금이 발생하지 않은 상태이므로 중간정산도 불가함).
연봉액에 포함될 퇴직금의 액수가 명확히 정해져 있어야 함	연봉액에 포함될 퇴직금의 액수가 명확히 정해져 있어야 하며, 매월 지급받은 퇴직금의 합계가 중간정산 시점을 기준으로 근로자퇴직급여보장법 제8조 제1항의 규정에 의해서 산정된 금액보다 적지 않아야 함(법정퇴직금 수준 이상이어야 함)
기존의 연봉계약 중 2006.6.30.까지 기간이 만료되는 경우는 기존지침이 유효함	신규 지침은 2006.7.1.부터 적용됨

6. 연봉제의 시간외수당 지급방법

　미국과 달리 우리나라 근로기준법은 시급제 근로자와 연봉제 근로자의 시간외수당 지급기준이 이원화되어 있지 않아 우리나라 기업들이 연봉제를 도입하는데 가장 큰 걸림돌이 되고 있다.

　미국과 같이 시간 외 근로에 적용을 받지 않은 화이트칼라 직종에 대해서는 연봉제를 도입하더라도 시간 외 근로에 대한 수당지급 문제가 없으나 우리나라는 근로기준법이 이원화되어 있지 않아 근로시간과 임금이 비례하지 않는 성과주의 임금제인 연봉제를 도입하는데 많은 어려움이 있다.

　따라서 현행 근로기준법에서 연장근로에 대해서는 포괄임금방식으로 일정한 시간 외 근로시간을 포함하여 연봉계약을 체결하는 방식으로 연봉계약을 체결할 수밖에 없는 것이 현실이다.

　연봉제 도입 시 가장 민감한 부분 중의 하나가 시간외수당 문제를 어떻게 처리하느냐가 될 것이다. 즉 성과보다는 근로시간에 따라 지급돼야 하는 연장·야간·휴일근로의 경우를 어떻게 처리하여야 할 것인가가 문제이며, 또 다른 하나는 각종 수당을 연봉에 포함할 수 있어 근로의 대가성이 없는 수당마저 근로의 대가인 연봉에 함께 포함되기 때문에 평균임금이 연봉제 시행 전과 비교할 때 상향될 여지가 많다는 점이다.

판례　근로시간을 초과에 대해 매월 일정액을 제 수당으로 지급한다는 내용의 임금 지급계약이 체결된 경우, 포괄임금으로 지급된 제 수당과 시간외 근로 등에 대한 근로기준법의 규정에 의한 수당과의 차액의 지급을 명한 원심에는 포괄임금제에 관한 법리오해의 위법이 있다(대법 2002.6.14 선고 2002다16958 판결).

☞　사용자와 근로자 사이에 기준 근로시간을 초과한 근로 등에 대하여 매월 일정액을 제 수당으로 지급한다는 내용의 포괄임금제에 의한 임금지급계약이 체결된 경우, 근로자가 포괄임금으로 지급받은 연장근로수당 또는 이에 갈음한 시간외수당, 야간근로수당, 휴일근로수당이 모두 포함되어 있다고 볼 것이어서, 근로자의 구체적인 시간외근로수당 등을 인정하고 포괄임금으로 지급된 제 수당과 시간외 근로 등에 대한 근로기준법의 규정에 의한 수당과의 차액의 지급을 명한 원심에는 포괄임금제에 관한 법리오해의 위법이 있다.

이러한 문제점을 해결하면서 연봉제를 시행하고자 하면 판례에서 인정하는 다음의 두 가지의 방안을 적극적으로 고려할 수 있다.
① 포괄임금역산제 방식
② 평균임금 산정 기초에 대한 노사당사자의 별도 합의
를 이용하는 것이다.

통상임금의 산정은 사전에 미리 정해진 기본급과 후에 구체적으로 확정되는 각종 수당을 합산하여 결정되는 방식을 취하는 것이지만, 이와는 반대로 사전에 기본급에다 사후에 발생하게 될 각종 수당을 미리 산정하여 사전에 임금을 결정하고 사후에 구체적으로 발생하는 제반 수당(연장, 야간 및 휴일)을 따로 지급하지 않는 임금정산방식을 포괄임금역산제라 한다. 이러한 임금산정방식에 대하여 판례는 그것이 근로자에게 불이익한 바가 없으면 그 유효성을 인정하고 있다.

그러나 이러한 방식은 자칫하면 남용될 여지가 많으므로 판례는 이와 같은 임금산정방식이 유효하려면 근로자의 동의가 있을 것을 요구하고 있다. 이때 근로자의 동의에는 기준근로시간을 초과하게 될 연장근로시간 수와 휴일근로시간 수 그리고 야간근로시간 수의 구체적인 제시와 이에 대한 근로자의 동의가 갖추어져야 한다고 한다.

그렇지 않고 연장근로 시간 수에 대한 막연한 합의는 근로자의 종속적인 입장을 이용한 사용자의 자의적인 남용을 충분히 예방할 수 없을 것이고, 이는 결과적으로 기준근로시간이나 시간 외 근로에 대한 할증임금지급 등 근로자 보호를 위한 강행규정의 효력을 완전히 무력화시킬 수 있기 때문이다.

연봉제를 시행하면 사후에 추가로 연장근로가 발생하고 이를 사용자가 사후에 정산토록 하게 되면 애초에 예상했던 임금액을 초과하는 경우가 발생할 가능성이 많아서, 연봉을 산정할 때 미리 지난 몇 해간 발생한 평균 연장근로 시간(휴일·야간근로시간도 포함하여) 수만큼을 연봉에 포함한 것으로 하여, 근로자의 동의를 얻어 연봉계약을 체결하는 방법으로 문제를 해결할 수 있다고 본다. 이때에도 사용자는 사전에 포함된 시간 외 근로시간 수와 수당액을 명확하게 제시하여야 한다.

판 례 업무내용과 근로형태의 특수성을 감안하여 노사 합의하여 시간외·야간·휴일근로수당을 합하여 일정액을 지급한 것은 유효하다(대법 1991.10.11. 선고 90다17880 판결).

☞ 원심판결 이유에 의하면 원심은, 근로자의 임금액을 결정함에 있어서는 근로기준법에 정하여진 1일 8시간 또는 단체협약 등에 의하여 정하여진 그보다 적은 시간의 소정근로에 대한 통상임금을 먼저 결정하고 그 소정근로를 초과하는 시간외근로나 휴일, 야간근로에 대하여 통상임금을 기초로 하여 근로기준법 또는 단체협약 등에 정하여진 계산방식에 따른 추가근로수당을 가산 지급하도록 하는 방법이 일반적이겠으나 그와 같은 방법에 따르지 않고 업무내용과 근로형태의 특수성을 감안하여 근로자가 일반적으로 근로할 근로시간 등 근로형태를 결정한 다음, 이에 대한 근로기준법 또는 단체협약 등에 의한 시간외, 야간, 휴일근로의 제수당까지 합산하여 그 근로형태에 대한 임금총액을 미리 결정하거나 법정 제수당을 일정액으로 미리 결정하는 내용의 근로계약도 근로자의 승낙하에 체결되었고 단체협약이나 취업규칙에 비추어 근로자에게 불이익하지 아니하며 제반 사정에 비추어 정당하다고 인정될 때에는 이를 무효라고 할 수 없다.

7. 연봉제의 연월차수당 지급방법

연월차휴가제도는 근로자의 장기근로에 대한 휴식을 목적으로 제정된 휴가제도 근로자는 언제나 본인 필요하다면 연월차휴가를 청구하여 사용할 수 있으며, 사용자는 근로자의 연월차휴가에 대해 사업에 특별한 지장을 가져오지 않는 한 휴가를 부여해야 한다.

이 같이 연월차휴가는 휴가를 사용하여 여가를 즐길 수 있도록 하는 것이 그 목적임에도 많은 사업주가 연월차 휴가 미사용에 대한 수당을 지급해 왔던 것이 일반적 관행이었다.

그러다 보니 연봉제를 시행하면서 연월차수당을 연봉에 포함하여 연봉계약을 체결하는 사례가 발생하며 심지어 발생하지도 않은 연월차휴가에 대해 1년간 근무한다는 전제하에 연월차휴가수당을 산출하여 포괄임금제라는 명칭으로 연봉계약을 체결하는 사례도 발생하고 있어 노사간 분쟁을 일으키고 있다.

행정해석 연차유급휴가청구권·수당·근로수당과 관련 지침 (근기 68201-696, 2000.3.10, 근기 01254-1869, 1992.11.17)

☞ 연차휴가근로수당을 청구할 수 있는 권리는 원칙적으로 연차휴가를 청구할 수 있는 권리가 소멸한 날의 다음 날에 발생한다고 보아야 할 것임. 다만, 근로기준법 제42조를 적용함에 있어 그 지급시기(범죄일시)는 단체협약 등에 정함이

있는 경우에는 그에 따라야 하나 정함이 없는 경우에는 연차휴가를 실시할 수 있는 1년의 기간이 만료된 후 최초의 임금정기지급일을 지급시기로 보아야 하다.

연월차휴가수당이 근로기준법에서 정한 기간을 근로하였을 때 비로소 발생하는 것이라 할지라도 당사자 사이에 그러한 소정기간의 근로를 전제로 하여 연월차휴가수당을 일당임금이나 매월 일정액에 포함해 지급하는 것이 불가능한 것은 아니다.

비록 연봉제가 1년을 기간으로 하는 임금계약이라 할지라도 그것을 전제로 연월차수당을 포함하는 것은 연월차휴가 청구권을 박탈하는 행위로 이는 법 위반으로 사업주는 연월차사용촉진제를 적극적으로 활용하여 휴가 사용을 원칙으로 해야 한다.

장차 발생하게 되는 장래의 휴가권을 사전에 모두 포기하게 할 수는 없지만, 휴가일을 모두 소진하겠다는 것을 사전에 약정하는 것은 휴가제도의 본래의 취지에 반하지 않는 것으로, 당사자 간의 진의가 인정된다면 그 유효성이 인정될 수 있다. 연차사용촉진제로도 연차 사용을 할 수 없을 때 연봉제에서 가장 합리적 방법은 연차휴가에 대해서는 휴가사용을 원칙으로 하고 미사용한 연차휴가에 대해서는 연봉 외 급여로 별도로 지급하는 것이 가장 바람직한 방법이다.

판례 일당 임금 속에 퇴직금 명목으로 일정한 금원을 매일 지급하였다 하여도 퇴직금 지급으로서의 효력은 없고 일용근로자라 하더라도 1년 이상 계속 근로한 경우 사실상 상용근로자로서 퇴직금지급대상이 된다(대법 1998.03.24 선고 96다24699 판결).

☞ 주휴수당이나 연·월차휴가수당이 구 근로기준법에서 정한 기간을 근로하였을 때 비로소 발생하는 것이라 할지라도 당사자 사이에 미리 그러한 소정기간의 근로를 전제로 하여 주휴수당이나 연·월차휴가수당을 일당임금이나 매월 일정액에 포함하여 지급하는 것이 불가능한 것이 아니며(1982.3.9, 대법 80다2384;1987.6.9, 대법 85다카 2473;1992.2.28, 대법 91다 30828 등 참조), 포괄임금제란 각종 수당의 지급방법에 관한 것으로서 근로자의 연·월차휴가권의 행사 여부와는 관계가 없으므로 포괄임금제가 근로자의 연·월차휴가권을 박탈하는 것이라고 할 수도 없다(대법 1993.5.27. 선고 92다33398 판결 참조). 따라서 원고가 지급받은 생산수당 속에 주휴수당이나 연·월차휴가수당이 포함되어 있다고 본 원심판결에 구 근로기준법상의 주휴수당이나 연·월차휴가수당에 관한 법리를 오해한 위법이 있다고 할 수 없다.

S. 통상·평균임금 등의 판단기준 예시

(노동부, 「통상임금 산정지침」 2002.1.22)

1. 기본급 임금

판 단 기 준 예 시	통상임금	평균임금	기타금품
소정근로시간 또는 법정근로시간에 대하여 지급하기로 정하여진 기본급 임금	○	○	

2. 일·주·월 기타 1임금산정기간 내의 소정근로시간 또는 법정 근로시간에 대하여 일급·주급·월급 등의 형태로 정기적·일률적으로 지급하기로 정하여진 고정급 임금

판 단 기 준 예 시	통상 임금	평균 임금	기타 금품
① 담당업무나 직책의 경중 등에 따라 미리 정하여진 지급조건에 의해 지급하는 수당 : 직무수당(금융수당, 출납수당), 직책수당(반장수당, 소장수당)등	○	○	
② 물가변동이나 직급간의 임금격차 등을 조정하기 위하여 지급하는 수당 : 물가수당, 조정수당 등	○	○	
③ 기술이나 자격·면허증소지자, 특수작업종사자 등에게 지급하는 수당 : 기술수당, 자격수당, 면허수당, 특수작업수당, 위험수당 등	○	○	
④ 특수지역에 근무하는 근로자에게 정기적·일률적으로 지급하는 수당 : 벽지수당, 한냉지근무수당 등	○	○	
⑤ 버스, 택시, 화물자동차, 선박, 항공기 등에 승무하여 운행·조종·항해·항공 등의 업무에 종사하는 자에게 근무일수와 관계없이 일정한 금액을 일률적으로 지급하는 수당 : 승무수당, 운항수당, 항해수당 등	○	○	
⑥ 생산기술과 능률을 향상시킬 목적으로 근무성적에 관계없이 매월 일정한 금액을 일률적으로 지급하는 수당 : 생산장려수당, 능률수당 등	○	○	
⑦ 기타 제①내지 제⑥에 준하는 임금 또는 수당	○	○	

3. 실제 근로여부에 따라 지급금액이 변동되는 금품과 1임금산정 기간 이외에 지급되는 금품

판 단 기 준 예 시	통상 임금	평균 임금	기타 금품
① 「근로기준법」과 「근로자의날제정에관한법률」 등에 의하여 지급되는 연장근로수당, 야간근로수당, 휴일근로수당, 월차유급휴가근로수당, 연차유급휴가근로수당, 생리휴가 보전수당 및 취업규칙 등에 의하여 정하여진 휴일에 근로한 대가로 지급되는 휴일근로수당 등		○	
② 근무일에 따라 일정금액을 지급하는 수당 : 승무수당, 운항수당, 항해수당, 입갱수당 등		○	
③ 생산기술과 능률을 향상시킬 목적으로 근무성적 등에 따라 정기적으로 지급하는 수당 : 생산장려수당, 능률수당 등		○	
④ 장기근속자의 우대 또는 개근을 촉진하기 위한 수당 : 개근수당, 근속수당, 정근수당 등		○	
⑤ 취업규칙 등에 미리 지급금액을 정하여 지급하는 일·숙직 수당		○	
⑥ 상여금			
가. 취업규칙 등에 지급조건, 금액, 지급시기가 정해져 있거나 전 근로자에게 관례적으로 지급하여 사회통념상 근로자가 당연히 지급 받을 수 있다는 기대를 갖게 되는 경우 : 정기상여금, 체력단련비 등		○	
나. 관례적으로 지급한 사례가 없고, 기업이윤에 따라 일시적·불확정적으로 사용자의 재량이나 호의에 의해 지급하는 경우 : 경영성과배분금, 격려금, 생산장려금, 포상금, 인센티브 등			○
⑦ 봉사료(팁)로서 사용자가 일괄관리 배분하는 경우		○	

4. 근로시간과 관계없이 근로자에게 생활보조적 · 복리후생적으로 지급되는 금품

판 단 기 준 예 시	통상 임금	평균 임금	기타 금품
① 통근수당, 차량유지비			
가. 전 근로자에게 정기적·일률적으로 지급하는 경우		○	
나. 출근일수에 따라 변동적으로 지급하거나 일부 근로자에게 지급하는 경우			○
② 사택수당, 월동연료수당, 김장수당			
가. 전 근로자에게 정기적·일률적으로 지급하는 경우		○	
나. 일시적으로 지급하거나 일부 근로자에게 지급하는 경우			○
③ 가족수당, 교육수당			
가. 독신자를 포함하여 전 근로자에게 일률적으로 지급하는 경우		○	
나. 가족수에 따라 차등 지급되거나 일부 근로자에게만 지급하는 경우(학자보조금, 근로자 교육비 지원 등의 명칭으로 지급)			○
④ 급식 및 급식비			
가. 근로계약, 취업규칙 등에 규정된 급식비로써 근무일수에 관계없이 전 근로자에게 일률적으로 지급하는 경우		○	
나. 출근일수에 따라 차등 지급하는 경우			○

5. 임금의 대상에서 제외되는 금품

판 단 기 준 예 시	통상 임금	평균 임금	기타 금품
① 휴업수당, 퇴직금, 해고예고수당			○
② 단순히 생활보조적, 복리후생적으로 보조하거나 혜택을 부여하는 금품 : 결혼축의금, 조의금, 의료비, 재해위로금, 교육기관체육시설 이용비, 피복비, 통근차·기숙사·주택제공 등			○
③ 사회보장성 및 손해보험성 보험료부담금 : 고용보험료, 의료보험료, 국민연금, 운전자보험 등			○
④ 실비변상으로 지급되는 금품 : 출장비, 정보활동비, 업무추진비, 작업용품 구입비 등			○
⑤ 돌발적인 사유에 따라 지급되거나 지급조건이 규정되어 있어도 사유발생이 불확정으로 나타나는 금품 : 결혼수당, 사상병수당 등			○
⑥ 기업의 시설이나 그 보수비 : 기구손실금 등			○

7장

연봉제 설계와 운용 사례

1. 연봉제의 설계 사례

■ 연봉제 설계의 기본방향

1) 한국형 연봉제

> 연공급 + 성과급 + Incentive(집단보상 : PI, PS)

- 고용의 안정성인 연공급의 장점과 성과주의 임금제도인 연봉제의 장점 결합한다.
- 기본연봉은 근속기간에 따라 Base-Up하고 성과연봉은 개별평가결과에 따라 가감하는 방식이다.
- Incentive는 반기, 년 단위 부서, 본부, 사업부 평가에 따라 차등 지급한다.

2) 동일임금 수준 유지

- 기존 재직자들이 연봉제 전환 시 기존 호봉제 하의 임금수준보

다 저하되지 않도록 설계함을 기본원칙으로 한다.

- 제로섬(Zero-Sum)방식의 성과연봉 설계로 임금총액(인건비) 증가에 미치는 영향을 최소화한다.

☑ 연봉체계의 설계

1) 연봉체계

(연봉) 기본연봉 + 성과연봉	+	집단성과보상 + 연봉 외 급여 등

2) 기본연봉의 구성

❶ 기본연봉 설계의 기본방향

: 포괄산정임금방식의 연봉설계

기존에 별도의 연장근로수당이 발생하지 아니하는 것으로 노사가 공히 인식하고 있던 관행(월급여 속에 연장근로수당이 포함된 것으로 인식하고 있던 것으로 해석할 수 있음)을 제도적으로 명문화하여 향후 임금체불(연장수당 미지급) 분쟁 발생 소지를 근절한다.

판례 포괄임금제에 의한 임금지급 계약을 체결한 경우 근로자에게 불이익이 없고 제반사정에 비추어 정당하다고 인정될 때에는 무효가 아니다 (1995.07.28, 대법 94 다 54542).

☞ 사용자와 근로자 사이에 기준 근로시간을 초과한 근로 등에 대하여 매월 일정액을 제수당으로 지급한다는 내용의 포괄임금제에 의한 임금지급계약이 체결된 경우, 근로자가 포괄임금으로 지급받은 연장근로수당 또는 이에 갈음한 시간외수당, 야간근로수당, 휴일근로수당이 모두 포함되어 있다고 볼 것이어서, 근로자의 구체적인 시간외 근로수당 등을 인정하고 포괄임금으로 지급된 제 수당과 시간외 근로 등에 대한 근로기준법의 규정에 의한 수당과의 차액의 지급을 명한 원심에는 포괄임금제에 관한 법리오해의 위법이 있다.

* 휴일근무수당은 개인별 격차가 너무 커서 연봉에 포함하는 것이 부적절하므로 연봉 외 급여 등으로 별도 지급하고 기본연봉 구성에서 제외한다.

❷ 기본연봉 구성내용

> 기본연봉 = (기본급 + 연장수당) × 12

① 기본연봉의 구성

일률적으로 적용 가능한 기본급 및 수당으로 한다.

> 기존 기본급 + 가족수당 + 근속수당 + 직책수당

② 기본급과 연장수당의 산정

기본연봉의 총액을 산출하고 기본급과 연장수당으로 재구성한다. 통상임금은 기본급에 해당하는 금액으로 하며, 통상시급은 기본급÷209시간, 연장수당은 30시간(월)으로 산정한다.

- 기 본 급 = 통상시급 × 209시간
- 연장수당 = 통상시급 × 30시간 × 1.5

기본연봉 구성내용 (예)

구 분	적 용	비 고
기존 기본급	호봉표의 직급별·근속연수별 호봉 반영	
가족수당	전 직급 30,000원	
근속수당	1급(갑) : 30,000원 1급(을) : 25,000원 2급(갑) : 20,000원 2급(을) : 15,000원 3 급 : 10,000원 4 급 : 5,000원 5 급 : 5,000원	인사규정 및 급여규정에 따라 직급별 근속기간 및 근속수당을 일률적으로 적용
직책수당	직급별 직책수당 반영	
화합수당	전 직급 40,000원	
연차수당	직급별·연차별 연차수당 반영	월차수당 산정 : (기본급+가족수당+근속수당+직책수당)/30

3) 성과연봉의 구성

❶ 성과연봉 설계의 기본방향

기존 정기상여금제도를 성과평가에 따른 성과연봉 차등지급제도로 변경하되 차등 폭을 앞으로 수년간에 걸쳐 단계적으로 확대하여, 연봉제 도입의 부작용을 최소화하고. 평가의 공정성과 객관성 정착기간 고려한다. 연봉제 전환으로 기존 재직자의 임금수준이 저하되지 않도록 성과연봉 지급률을 개별 조정한다.

❷ 성과연봉 구성내용

$$성과연봉 = 월봉(기본연봉/12) \times 600\%$$

① 성과연봉의 구성

기존 상여금 및 개인별 차이(능력, 자격, 업무 등)에 따른 수당이다.

기존 상여금 + 자격·면허수당 + 기술수당
+ 출납수당 + 비서수당 + 이전수당

② 성과연봉의 산정

기존 재직자의 경우 자격·면허수당, 기술수당 등 개인별 특성에 따른 수당은 성과연봉 지급률 조정에 반영한다.

$$성과연봉 = 월봉(기본연봉/12) \times 600\%$$

4) 연봉테이블의 설계

❶ 직급통합

기존 호봉제 직급체계 반영을 원칙으로 하되, 기존 3급(을), 4급(갑), 4급(을) 3개 직급을 '4급'으로 통합 → 기존 9개 직급을 7개 직급으로 변경한다.

❷ 직급별 구간 범위 설정

직급별 구간 범위 설정은 직급별 승격 최저 근무기간의 2배를 기준으로 구간별 연봉 인상분을 고려하여 재조정한다.

❸ 직급별 최저(1년 차) 기본연봉 설정

기존 호봉제의 직급별 1년 차 기본연봉 산정 → 기존 연간 임금 총액과의 차액 반영 → 기본연봉 재조정

❹ 직급별 구간 기본연봉 인상 폭(조정액) 설정 및 적용

기존 호봉제의 직급별, 연차별 임금 상승폭(2호봉/년)을 반영하여 기본연봉 조정액 설정한다.
- 5급~3급까지는 직급별 조정액을 연차에 관계없이 동일하게 적용하여 기본연봉 인상한다.
- 2급(을)~1급(갑)까지는 직급별 승격 최저 근무기간 후 1년까지는 동일하게 적용하고 이후부터는 매년 10만 원씩 감액하여 인상한다.
- 5급 기본연봉 조정액 : 300,000원, 1년~6년까지 300,000원 동일 적용 인상
- 2급(을) 기본연봉 조정액 : 500,000원, 1년~4년까지 500,000원 동일 적용 인상, 5년 ~ 7년까지는 매년 100,000원씩 감액

하여 인상

5) 연봉 외 급여 등

연봉에 포함하기 부적절한 가변적 수당(예: 휴일수당, 연차수당 등)이나 예외적 수당, 비임금성수당 등은 연봉 외 급여로 분류하여 별도로 지급한다.

> 휴일근무수당 + 연차수당 + ○○수당 + 당직수당 + 하기휴가비 + 식대(분당) + 학자금보조 + 차량유지 보조금 + 통신비 등

2. 연봉제의 운용 사례

▣ 연봉의 조정방법

1) 기본연봉 조정방법

직급별 근무기간에 따라 연봉테이블을 적용하여 기본연봉 매년 물가인상율 정도 Base Up한다.

- 연봉테이블의 직급별 최고 기본연봉에 이를 때까지 상위 직급으로 승진하지 못하였으면, 상위 직급으로 승진할 때까지 기본연봉의 인상을 중지한다.
- 상위 직급으로 승진하는 경우, 승진 전 직급에서의 기본연봉 액을 불문하고 승진된 직급의 최저 기본연봉 적용(비누적식)한다.

2) 성과연봉 조정방법

❶ 평가등급에 따른 차등조정
- 평가등급 5단계(S, A, B, C, D)에 따라 성과연봉 차등 지급 →

성과연봉 기준지급률(월봉 600%)+ 성과연봉 차등조정비율

- 성과연봉 차등조정비율의 단계적 적용 → 평가등급별 인원수 분포와 성과연봉 차등조정비율은 경영환경에 따라 조정 가능하다.

연도별 성과연봉 차등비율

평가등급	2009	2010	2011	2012
S	0%	100%	200%	300%
A	0%	50%	100%	150%
B	0%	0%	0%	0%
C	0%	−50%	−100%	−150%
D	0%	−100%	−200%	−300%

❷ 성과연봉 기준지급률의 변경 적용

　(팀장 보직자, 자격 · 면허소지자 등)

팀장 · 보직자, 자격 · 면허소지자 등에게 수당을 지급하는 경우 연봉 외 급여로 지급하더라도 정기적 · 고정적 · 일률적으로 지급되는 통상임금이 되므로 연봉구성 체계 및 법정수당 계산체계에 문제가 발생한다. 따라서 해당자는 일정한 성과를 창출한 것으로 간주할 수 있다.

- 팀장수당(120만 원/년) 만큼을 가산하여 산정한 성과연봉 비율을 기준지급률로 적용, 이에 성과연봉 차등조정비율 적용한다.

(예) 1급(갑) 부장 / 2년 차 팀장

성과연봉	15,000,000	600%	변경 전 성과연봉 기준지급률
팀장수당(년)	1,200,000	48%	가산
합　계	16,200,000	648%	변경 후 성과연봉 기준지급률

❸ 성과평가의 방법

기존 '직원 성과 평가기준' 적용하되, 단, 직급 통합에 따라 관련 사항을 일부 수정할 필요가 있다.

② 기존 직원에 대한 연봉테이블 적용

1) 기본연봉 적용

2009년 현재 직급별 연차에 따라 연봉테이블의 직급별 연차 기본연봉 적용은 4급의 경우 직급을 통합함에 따라 직급별 연차에 따른 일률적 적용이 부적절하므로 3급(을) 사원의 경우 연봉테이블 적용 시 1년을 가산하여 적용한다.

- 2009년 3급(을) 1년 차 사원 → 2010년 연봉테이블 4급 3년 차로 적용

2) 성과연봉 적용

기존 재직자의 경우 연봉제 전환으로 인해 종전보다 불이익하지 않도록 개별 조정한 성과연봉 지급률을 "성과연봉 기준지급률"로 적용한다.

- 적용된 연봉테이블의 총 연봉(연봉외 급여 제외)과 2008년 총 임금(연봉 외 급여 해당 금액 제외) 차액 산출 → 차액 반영하여 성과연봉 지급률 조정 → 조정된 성과연봉 지급률을 "성과연봉 기준지급률"로 결정한다.

❸ 신규채용자의 초임연봉 적용방법

1) 경력자

기존 경력을 산정하여 직급 및 연차 결정 → 연봉테이블의 해당 직급 및 연차의 연봉을 적용한다.

2) 신입자

- 4급 해당 사원 (4년대 졸업자) : 남녀 구별 없이 연봉테이블 4급 2년 차로 적용한다.
- 5급 해당 사원 (고졸, 초대 졸) : 남녀 구별 없이 적용하되, 고졸은 5급 1년 차, 초대 졸은 5급 2년 차로 적용한다.

  * 동일업무를 수행함에도 성별에 따라 임금을 차별 지급하는 것은 "남녀고용평등과 일·가정 양립 지원에 관한 법률" 위반될 수 있으므로 남녀차등 없는 연봉테이블을 운용한다.

> **참고** 제2조 (정의) 이 법에서 사용하는 용어의 뜻은 다음과 같다.
> 1. "차별"이란 사업주가 근로자에게 성별, 혼인, 가족 안에서의 지위, 임신 또는 출산 등의 사유로 합리적인 이유 없이 채용 또는 근로의 조건을 다르게 하거나 그 밖의 불리한 조치를 하는 경우[사업주가 채용조건이나 근로조건은 동일하게 적용하더라도 그 조건을 충족할 수 있는 남성 또는 여성이 다른 한 성(성)에 비하여 현저히 적고 그에 따라 특정 성에게 불리한 결과를 초래하며 그 조건이 정당한 것임을 증명할 수 없는 경우를 포함한다]를 말한다.
> 제8조 (임금) ① 사업주는 동일한 사업 내의 동일 가치 노동에 대하여는 동일한 임금을 지급하여야 한다.
> 제37조 (벌칙) ② 사업주가 다음 각 호의 어느 하나에 해당하는 위반행위를 한 경우에는 3년 이하의 징역 또는 2천만원 이하의 벌금에 처한다.
> 1. 제8조제1항을 위반하여 동일한 사업 내의 동일 가치의 노동에 대하여 동일한 임금을 지급하지 아니한 경우

■4 연봉지급방식

1) 연봉

- 기본연봉은 1/12로 분할하여 매월 지급한다.
- 성과연봉은 1/6로 분할하여 격월 지급(매월 지급으로 인한 통상임금화 방지)한다.

2) 연봉 외 급여 등

기존 지급방식을 유지하되 통상임금화 방지를 위해 일부 수당에 대해서는 다음과 같이 지급한다.

① 식대 : 출근일수에 따라 일할계산하여 지급(이러한 지급방식을 취하는 경우 노동부 행정해석은 식대의 임금성을 인정하지 않으므로 평균임금에 포함되지 않고 퇴직금 계산 시 제외될 수 있

음.)

② 수당 : 해당자에 한해 격월로 지급한다.

⑤ 직급체계 운용방법

- 기존 직급체계를 유지함을 원칙으로 하되 기존 3급(을), 4급 (갑), 4급(을) 3개 직급을 '4급'으로 통합 → 기존 9개 직급을 7 개 직급으로 변경한다.
- 팀제운영에 따라 팀장 보직은 차장급 이상자가 담당할 수 있도 록 하는 등 개방적 운용이 바람직하다.

⑥ 기존 제수당의 처리방법

구 분	처 리	비 고
가족수당, 근속수당, 직책(무)수당, 화합수당, 월차수당, 보건수당	기본연봉에 포함하고 폐지	보건수당은 4급 이하 만 적용
상여금	성과연봉에 포함하고 폐지	
자격·면허수당, 이전수당, 기술수당, 비서수당, 출납수당	폐지	기존 재직자의 경우 성과연봉 지급률 조정에 반영
휴일근무수당, 연차수당, 00수당, 당직수당, 하기휴가비, 식대(분당), 학자금 보조, 차량유지 보조금, 통신비	연봉외급여　등으로 지급	

시간외수당의 처리

* 차·부장급 이상에 대하여도 시간외수당을 지급하는 것이 바람직하다.
* 차·부장이라 하더라도 근로기준법 제63조 및 시행령 제34조에 따라 관리·감독자로서 근로시간 등의 적용 제외를 받는 것은 매우 제한적이다(적용 시 근로자에게 불이익하게 되는 사항이므로 엄격하게 해석하여 적용하고 있다.).

행정해석 감독이나 관리의 지위에 있는 자란 출·퇴근 등에 있어서 엄격한 제한을 받지 않는 것 등을 종합적으로 참작하여 판단해야 한다(1976.03.04, 법무 811-3500).

☞ 근로기준법시행령 제36조에서 의미하는 감독이나 관리의 지위에 있는 자라 하면, 일반적으로 부장, 공장장 등 근로조건의 결정, 기타 노무관리에 있어서 경영자와 일체적인 지위에 있는 자를 말하는 것인 바, 그 실태에 있어서는 그 명칭의 여하에 불구하고 출·퇴근 등에 있어서 엄격한 제한을 받지 않는 것 등을 종합적으로 참작하여 동 조항의 입법취지에 따라 구체적으로 판단되어야 하는 것임.

계장이나 주임이 실제 근로자와 동일하게 생산작업에 임한 경우라면 감독이나 관리의 지위에 있는 자의 범주에 포함되지 아니한다(1985.11.1,근기 01254-19876).

☞ 근로기준법 제49조 제4호 및 동법시행령 제36조에서 규정하고 있는 감독이나 관리의 지위에 있는 자라 함은 일반적으로 국장, 부장, 공장장 등 근로조건의 결정 기타 노무관리에 있어서 경영자와 일체적인 지위에 있는 자를 말하는 것으로서 그 실체에 있어서 명칭여하에 불구하고 출·퇴근 등에 있어서 엄격한 제한을 받지 아니하는 것 등에 의하여 판단되어져야 할 것이나, 계장이나 주임이 실제근로자와 동일하게 생산작업에 임한 경우라면 감독이나 관리의 지위에

있는 자의 범주에 포함되지 아니다.

- 다만, 차·부장의 경우 휴일근무에 대해 '특근수당' 등의 명칭으로 휴일근무수당 금액에 상응하는 수당을 정액으로 지급하는 방법을 고려할 수 있을 것이다.

7 퇴직금의 지급

평균임금의 산정

- 연봉(기본연봉 + 성과연봉)과 연봉외 급여 등에서 임금성이 인정되는 휴일근무수당, 연차수당, 00수당, 하기휴가비, 당직수당을 합산한 임금총액을 기초로 평균임금을 산정한다.
- 집단적성과급(Incentive)은 퇴직금 산정기초가 되는 평균임금에 포함하지 아니한다.

  ※ 식대, 학자금 보조, 차량유지보조금, 통신비, 특별성과급 등은 실질적 운영 여하에 따라 평균임금 산정 대상에 포함될 수 있음에 유의해야 한다. 즉, 실제로 실비 변상적이거나 은혜적으로 지급되는 것이 아니라 고정적·일률적으로 지급되는 경우에는 임금성이 인정될 수 있다.

판 례 차량보유 여부와 무관하게 일정 직급 이상의 전 직원에게 일률적으로 지급한 차량유지비는 퇴직금 산정의 기초가 되는 평균임금에 포함된다(2005.09.23, 서울중앙지법 2005가합8137).

☞ 1. 평균임금 산정의 기초가 되는 임금 총액에는 사용자가 근로의 대상으로 근로자에게 지급하는 금품으로서, 근로자에게 계속적·정기적으로 지급되고 단체협약, 취업규칙, 급여규정, 근로계약, 노동관행 등에 의하여 사용자에게 그 지급의무가 지워져 있는 것은 그 명칭 여하를 불문하고 모두 포함되고, 차량유지비의 경우 그것이 차량 보유를 조건으로 지급되었거나 직원들 개인 소유의 차량을 업무용으로 사용하는 데 필요한 비용을 보조하기 위해 지급된 것이라면 실비변상적인 것으로서 근로의 대상으로 지급된 것으로 볼 수 없으나 전 직원에 대하여 또는 일정한 직급을 기준으로 일률적으로 지급되었다면 근로의 대상으로 지급된 것으로 볼 수 있다.

☞ 2. 피고 회사는 차량보유여부와 무관하게 과장급 이상의 전 직원에게 일률적으로 OD보조금(차량유지비)을 지급하여 온 사실, OD보조금은 과장에게 매월 20만원씩, 차장급 이상에게 매월 30만원씩 정액으로 지급된 사실, 피고 회사는 직원들이 업무상 택시나 대중교통을 이용할 경우 OD보조금과 별도로 실비를 변상해 준 사실을 인정할 수 있는바, 위 인정사실에 의하면, OD보조금은 일정 직급 이상의 전 직원에 대하여 일률적으로 지급된 것으로서 이는 근로의 대상으로 지급된 것으로 볼 수 있다 할 것이므로, 결국 퇴직금 산정의 기초가 되는 평균임금에도 포함되어야 할 것이다.

[판 례] 특별성과급 등이 근로기준법상의 임금에 해당하는지 여부는 경영계획에 따라 '가변적'이다(2002.12.10, 대법 2002다54615).

☞ 원고가 그 소속 근로자들에게 지급한 이 사건 특별성과급 등이 근로기준법상의 임금에 해당하여 이 사건 보험료 등의 산정에 있어 합산해야 하는지 여부는 원고의 이 사건 특별성과급 등의 지급이 일시적, 비정기적인 것인지, 아니면 계속적·정기적인 것인지 여부에 의해 결정되는 것이며, 이는 원고의 경영계획에 따라 일시적·비정기적인 것이 될 수도 있고, 계속적 정기적인 것이 될 수도 있을 것이라는 점도 감안하여 볼 때, 이를 따져 보지 않은 채 그 자체로 근로기준법상의 임금이 아님이 명백하다고 할 수는 없으므로, 원고의 이 사건 보험료 등의 신고(보고)행위에는 중대한 하자는 별론으로 하고 명백한 하자가 있다고 볼 수는 없어 신고(보고)행위가 당연 무효라 할 수 없다.

8 특별성과급의 지급방법 (집단보상 P2, PS)

특별성과급의 지급률을 고정적으로 결정하여 지급하는 경우 임금
성이 인정될 수 있으므로 매년 사업계획 달성도에 따라 지급률을
가변적으로 결정하여 지급하는 것이 바람직하다.

행정해석 일정목표 달성에 기인하여 은혜적·호의적 성격을 특별보조금은 임금으로
볼 수 없다(2000.7.2 임금 8207-272).

☞ 근로기준법 제18조 규정에 의거 임금이라 함은 사용자가 (근로의 대상)으로
근로자에게 임금, 봉급조건, 금액, 지급시기가 정해져 있거나, 전 근로자에게
관례적으로 지급하는 경우라면 임금성을 인정할 수 있을 것임. 그러나 취업규칙
이나 근로계약에 근로조건 등을 미리 명시함이 없이 노사합의 등의 방법을 통해
일정 목표를 정해 놓고 이 목표에 도달할 경우 일정액 또는 일정비율의 성과급
또는 격려금 등을 일정한 시기에 지급하기로 한 경우라면 이는 협상결과에 따라
지급조건과 금액을 달리 할 수도 있고, 지급하지 않을 수도 있는 일시적·변동적
또는 불확정적으로 발생된 것이고, 그때의 상황에 따라 일정목표 달성을 위한
고려 차원에서 사용자의 재량에 의해 은혜적·호의적으로 지급된 것으로 보아야
할 것이므로 이 경우의 금품에 대해서는 근로기준법 제18조에 의한 임금성을 가
지는 것으로 해석할 수 없을 것임. 귀 질의 경우 구체적인 사실관계를 확인할
수 없어 답변하기 어려우나, 취업규칙이나 근로계약에 특별보조금 또는 초과업
적상여금의 지급조건, 금액, 지급시기를 미리 명시함이 없이 "특별연체감출운
동" 전개 및 '판매촉진프로그램 추진운동"의 성과에 따라 경영협의회의 결
의를 거쳐 지급하는 경우라면, 이는 일시적 상황 또는 일산목표 달성에 기인하
여 은혜적·호의적 성격으로 지급되는 것이므로 임금의 성격을 갖는 것으로 볼
수 없다.

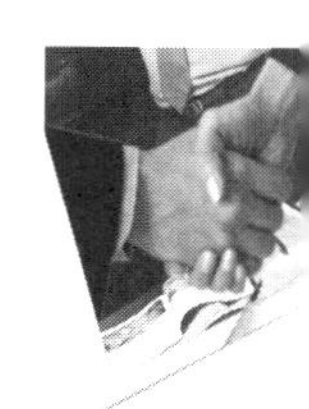

3. 취업규칙 개정과 연봉규정 등의 신설

1) 취업규칙

연봉제 도입은 근로조건을 불이익으로 해당 근로자의 50% 이상의 동의를 받아 취업규칙 불이익 변경 절차를 거쳐야 한다. 특히 임금에 대한 변경은 근로조건의 가장 큰 변경으로 노동조합이 있는 경우 노동조합의 의견을 동의를 받는다.

2) 연봉규정

취업규칙에 연봉제 관련 조항을 모두 새롭게 작성하는 것은 바람직하지 않으므로 취업규칙의 부속규정으로 연봉규정을 신설하는 것이 바람직하다.

3) 평가규정

연봉 결정에서 개별, 집단적 평가기준은 매우 중요한 규정으로 기존의 승진승격 규정만으로 연봉평가에 한계가 있어, 평가규정은 새롭게 작성하는 것이 바람직하다.

4) 기타 규정

연봉제와 연결될 수 있는 승인승격제도, 고과평가기준, 임금인상 평가기준 등 규정에 대한 수정 및 보완이 필요하다.

8장

연봉제 관련 규정 등 사례

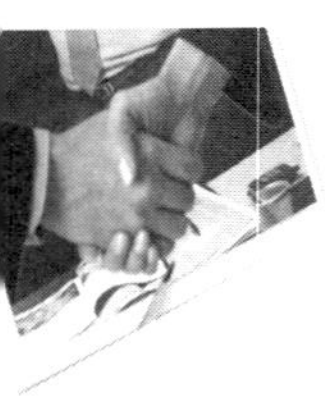

1. 연봉 근로계약서

사용자 (甲)	대표자			
	회사명			
	소재지			
근로자 (乙)	성 명		주민등록번호	
	주 소		전화번호	

1. 연봉내용

구 분	기본연봉	성과연봉	총 연봉
금 액			

2. 연봉 근로계약기간

① 기본연봉은 기본급, 직책수당, 연장수당(월평균 30시간)으로 구성한다.

② 성과연봉은 상여금, 차량유지비, 식대로 구성한다.

3. 연봉근로계약기간

20 년 월 일 ~ 20 년 월 일(개월간)

4. 지급방법

기본연봉 + 성과연봉을 12등분 하여 매월 지급하고, 계약 마지막 월에 퇴직금 1년분을 지급한다.

5. 지급시기

당월 1일부터 기산하여 당월 말일 마감하며 다음 달 5일 지급한다.

6. 유급휴일

취업규칙에서 정한 바에 의한다.

7. 근로시간

① 평일 근무시간은 09:00부터 18:00까지로 하고, 토요일은 격주휴무로 월차를 대체한다.
② ①항의 근로시간을 초과하는 연장근로에 대한 수당은 기본연봉에 포함한다.
③ 휴식시간은 12:00~13:00(60분)

8. 중도퇴사

중도퇴사자는 중도퇴직 시 최소한 1개월 전에 사전 통보하고 퇴직 승인을 얻고 퇴직처리 하며 그렇지 아니하였으면 무단결근으로 처리한다.

9. 계약갱신

차기 연봉계약은 1년 평가에 의하여 계약을 갱신한다.

10. 수습사원

① 신규 입사자는 입사일로부터 3개월간은 사용 수습기간으로 한다.
수습기간의 급여는 수령액의 70%를 지급한다. 단, 경력 입사자는
입사일로부터 1개월간은 사용 수습기간으로 한다.
② 수습 기간에 사고를 유발하거나 또는 직원으로서 부적격하다고 판
단될 때는 본채용을 거부할 수 있다.

11. 기밀유지

연봉에 대해서는 절대 기밀을 유지하며 이를 위반 시 이로 말미암은
모든 불이익을 감수한다.

위와 같이 연봉 근로계약을 체결합니다.

200 년   월   일

사업주(甲) :   (인)
근로자(乙) :   (인)

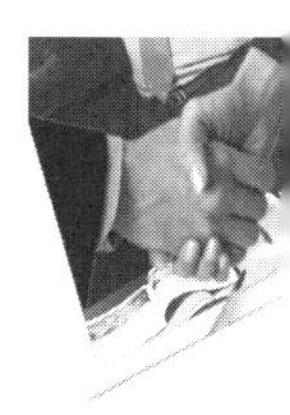

2. 연봉제 취업규칙

제1장 총 칙

제1조 (목적)

이 규정은 근로기준법에 따라 (주)○○○(이하 "회사"라 한다)에 근무하는 근로자(이하 "사원"이라 한다)의 근로조건을 규정함으로써 회사 운영의 능률화와 사원의 복리를 향상시킴을 목적으로 한다.

제2조 (적용범위)

사원의 근로조건에 관하여 다른 규정에 정한 것을 제외하고는 이 규정이 정하는 바에 의한다(단, 계약직, 아르바이트 등 임시직 사원에 대해서는 별도의 근로조건에 따른다.).

제3조 (용어의 정의)

이 규정에서 사용하는 용어의 정의는 다음과 같다.

1. 사원 : 사원이라 함은 제2장의 절차에 의하여 채용된 사원을 말한다.
2. 직책 : 직급과 관계없이 사원에게 부여할 수 있는 직무와 책임을 말한다.
3. 직급 : 직무수행의 권한과 책임이 상당히 유사한 사원의 직군을 말한다.
4. 보직 : 사원을 그 자격 및 적성에 따라 일정한 직위에 보하여 특

정업무에 종사케 함을 말한다.

5. 전보 : 동일 직급 내의 보직변경을 말한다.

6. 승급 : 하위 직급에서 상위직급으로 진급함을 말한다.

7. 승호 : 동일 직급 내에서 호봉이 하위호봉으로부터 상위호봉으로 변경됨을 말한다.

8. 이동 : 이동이라 함은 소속을 변경함을 말한다.

9. 임용 : 신규채용, 승급, 전보, 휴직, 복직, 면직 및 해고를 말한다.

제4조 (직무의 분류)

사원의 직무는 관리직, 영업직, 기술직, 생산직, 임시직 등으로 구분한다.

제5조 (직급, 승급 최소연한)

① 사원은 다음과 같이 최소연한을 거쳐 평가를 통해 임용한다.

1급 : 부장

2급 : 차장(4년)

3급 : 과장(4년)

4급 : 대리(4년)

5급 : 주임(3년)

6급 : 사원(4년제 대졸)(2년)

7급 : 사원(2년제 대졸)(2년)

8급 : 사원(고졸)(2년)

② 신규 임용 시 담당업무관련분야 석사 및 박사학위 소지자는 대표이사가 직급을 결정한다.

③ 필요한 경우에는 상기 ①항에 대하여 팀장회의에서 결정할 수 있다.

제6조 (임용권)

사원의 임용은 대표이사가 이를 행한다. 다만, 1년 미만의 계약직, 임시직, 아르바이트 등 임시직 사원은 별도 해당 부서장에게 위임할 수 있다.

제7조 (임용절차)

사원의 임용은 발령장으로 함을 원칙으로 한다. 다만, 임용 시의 절차 간소화를 위하여 발령통지로서의 갈음할 수 있다.

제8조 (팀장회의)

① 사원의 공정한 인사관리를 위하여 팀장회의를 둘 수 있다.
② 팀장회의의 장은 대표이사가 맡고 필요에 따라 이를 위임할 수 있다.

제2장   고   용

제9조 (채용)

사원의 채용은 일반 공개 모집, 특별채용방법에 의한다. 이 장에서의 사원이라 함은 임원, 고문 및 임시직을 제외한 사원을 말한다.

제10조 (전형방법)

① 일반 공개 모집 시 전형은 서류심사, 면접으로 구분하여 실시한다.
② 특별채용은 필요에 의하여 회사 부서장 이상의 추천과 팀장회의 심의를 거쳐 대표이사가 결정한다.
③ 면접은 원칙적으로 서류전형에 합격한 자에 대하여 실시한다.

제11조 (채용자격)

사원으로 채용될 자의 자격은 원칙적으로 다음의 자격을 갖추어야 한
다.

    1. 사상이 온건하고 신체 건강한 자

    2. 성품이 진실하여 장래 우수사원이 될 수 있다고 인정되는 자

    3. 당해 분야에 학식과 경험이 있는 자

    4. 기술부분에 종사할 사원은 당해 기술 분야에 경력 또는 실력이
       있는 자. 다만, 면허를 요하는 부분에 종사할 사원은 면허를 소지
       한 자

제12조 (채용 결격 사유)

다음에 해당하는 자는 사원으로 채용될 수 없다.

    1. 금치산자와 한정치산자.

    2. 파산선고를 받고 복권되지 아니한 자.

    3. 금고이상의 형을 받고, 그 집행이 종료되거나 집행을 받지 아니하
       기로 확정되고 3년이 지나지 아니한 자.

    4. 법률에 따라 국민으로서의 권리가 정지, 또는 박탈된 자.

    5. 병역을 기피자와 불명예제대자.

    6. 전직에서 부정행위로 말미암아 해직된 자.

    7. 신체 검사결과 직무를 감당할 수 없는 것으로 판정된 자.

제13조 (채용된 자의 제출서류)

채용된 자는 채용된 날로부터 10일 이내에 다음 서류를 제출하여야 한
다. 다만, 사정에 따라 사전승인을 받으면 이를 연장할 수 있다.

    1. 인사기록부(회사 소정양식) 1부

    2. 서약서 1통

    3. 기밀보호 서약서 1통

    4. 호적등본 1통

5. 주민등록등본 3통

6. 병적확인서(또는 주민등록초본) 2통

7. 성적증명서 1통

8. 졸업(예정)증명서 1통

9. 경력증명서(경력자에 한함) 1통

10. 신원보증 보험증권(또는 재정보증서) 1통

11. 반명함판 컬러사진(3×4㎝, 최근 3개월 이내) 3장

제14조 (발령)

① 전형에 합격한 자 및 특별 채용키로 한 자는 제13조의 서류를 제출하고 채용발령을 받음으로써 채용이 확정된다.

② 긴급을 요할 때에는 전조의 서류를 사후에 제출케 하고 채용 발령할 수 있다.

제15조 (채용발령 취소)

채용 발령된 사원의 취업할 의사가 없거나, 채용에 관한 진술 또는 제출서류에 허위의 사실이 발견되었을 때에는 그 채용 발령을 취소할 수 있다.

제16조 (수습)

① 신규채용사원은 자격과 자질을 갖추게 하는 데 필요한 경우에는 3개월 이내의 수습기간을 두며, 경력사원은 1개월의 수습기간을 둘 수 있다.

② 수습 기간에 근무태도가 불량하거나 능력이 없다고 인정될 때에는 채용을 취소할 수 있다.

제17조 (고문 및 촉탁)

① 고문 및 촉탁은 법률, 기술, 영업 등 기타 특정부분의 업무를 위하여 회사가 비상근 및 상근으로 각각 위촉하는 자를 말한다.
② 대표이사는 업무상 필요한 경우 약간명의 고문을 별정직으로 위촉할 수 있다.
③ 고문과 촉탁의 위촉기간은 1년 이내로 하며 연임하여 위촉할 수 있다.
④ 고문과 촉탁의 보수 등 처우조건은 별도의 계약에 의한다.

제18조 (임시직)
① "임시사원"이라 함은 각 부서의 업무수행상 필요에 따라 채용하는 사원을 말한다.
② 각 부서의 책임자가 임시사원을 채용하고자 할 때에는 그 채용에 대한 승인을 채용관련 담당 부서에 신청하여야 한다.
③ 채용 전후에 다음 서류를 제출하여야 한다.
  1. 이력서(사진부착)
  2. 주민등록 등본 및 초본 1통
  3. 서약서 1통
  4. 기밀보호 서약서 1통
  5. 신원보증 보험증권(또는 재정보증서) 1통
④ 임시사원의 보수 및 처우는 각자의 능력과 경력에 따라 사정 지급한다.
⑤ 임시직에서 정규직으로 신분 변동 시에는 재입사 기준을 적용한다.

제19조 (휴직)
사원이 다음에 해당할 때에는 휴직을 명할 수 있다.
  1. 업무 외의 부상 또는 질병으로 1개월 이상 치료 또는 요양이 필

요할 때
2. 병역법에 따라 소집에 응할 때
3. 형사사건으로 기소되었을 때
4. 기타 특별한 사정이 있다고 인정될 때

제20조 (휴직기간)
① 전조의 규정에 의한 휴직기간은 그 걸리는 시간으로 한다.
② 전조 1항, 2항, 3항의 기간 중은 임금을 지급하지 아니한다.

제21조 (복직)
① 휴직사유 만료 즉시 본인의 출근에 의해 당연 복직된다.
② 휴직기간 만료 이전에 휴직사유 소멸 시 14일 이내에 복직신청을
　 해야 하며, 정해진 기한 내 복직신청서가 없는 경우 자연 면직된다.

제22조 (퇴직)
사원이 다음에 해당하게 된 때에는 그날을 퇴직한 날로 한다.
1. 본인이 퇴직원을 제출하고 대표이사가 승인이 있을 때 또는 퇴직
　 원을 제출 후(퇴직희망일 경우) 30일이 지난 때
2. 사망하였을 때
3. 기간의 정함이 있는 고용계약기간이 만료된 때. 휴직기간이 만료
　 되거나 휴직사유가 종료되고 14일 이내에 복직신청서를 제출하지
　 아니한 때
5. 정년퇴직 연령이 되었을 때

제23조 (정년퇴직 연령)
① 사원의 정년퇴직 연령은 만 55세가 되는 다음날로 한다.
② 업무상 특별히 필요하다고 인정한 자에 대하여는 전항의 규정에 불

구하고 연장할 수 있다.

제24조 (퇴직원)
① 사원이 퇴직하고자 할 경우 퇴직 30일 전에 퇴직원을 제출하여야
   한다.
② 전항의 규정에 의한 퇴직원을 제출한 자는 회사의 승인이 있을 때
   까지 종전의 직무에 종사하여야 한다.

제25조 (해고)
사원이 다음 각 호에 해당하는 경우에는 해고한다.
  1. 근무성적, 또는 능률이 불량한 자로서 취업이 부적당하다고 인정
     되며 개전의 가망이 전혀 없을 때
  2. 출근사항, 근무성적불량 또는 기타 사유로 3회 이상 징계처분을
     받았거나 5일 이상 무단결근한 때
  3. 고의 또는 중대한 사고를 발생시켜 회사에 손해를 끼친 때
  4. 신체 또는 정신상 병으로 직무를 감당할 수 없다고 인정된 때
  5. 고의 또는 중대한 과실로 회사의 시설물 또는 기구류를 파괴하거
     나 작업장의 질서를 어지럽게 한 때
  6. 부당한 방법으로 채용된 때
  7. 회사의 공금을 유용, 착복하거나 배임한 때
  8. 업무상 비밀을 누설하여 회사에 손해를 끼친 때
  9. 협박 또는 폭행으로 업무집행을 방해한 때
  10. 허가 없이 회사 내에서 불온문서의 배부, 시위, 집회 등에 참여
      한 때
  11. 사업주의 승인 없이 타 사업장의 일을 한 때
  12. 형사처분(형사 유죄 확정판결)을 받았을 때
  13. 상사의 정당한 업무 명령에 불복종 한때

14. 회사 내에서 폭행함으로써 동료와 상사에게 상해를 입혔을 때
15. 업무상 부정하게 금품 또는 향응을 받았을 때
16. 정기 또는 임시 건강진단 결과 전염성 질병에 걸려 장기간 치료를 요할 때
17. 사업 운영상 감원이 필요할 때
18. 심각한 성희롱 문제로 일으킨 때

제26조 (해고의 예고)
① 사원을 해고하고자 할 때에는 30일 전에 예고한다.
② 근로자의 귀책사유로 말미암은 해고로서 근로기준법 시행규칙 제4조에 해당하는 경우에는 해고 예고 수당을 지급하지 아니한다.
③ 다음 각 호의 1에 해당하는 자는 제1항 규정에 불구하고 해고의 예고를 하지 아니하고 해고할 수 있다.
  1. 일용근로자로서 3개월 미만 근로자
  2. 2월 이내 기간을 정하여 사용된 자
  3. 계절적 업무 및 월급제 근로자로서 6개월 미만인 자
  4. 수습 중인 자

제27조 (해고의 제한)
회사는 사원이 업무상 부상 또는 질병의 요양을 위한 휴직기간과 그 후 30일간 또는 산전산후의 여성근로자가 규정된 휴업기간과 그 후 30일간은 해고하지 못한다.

제3장   근로시간

제28조 (근로시간)
사원의 실근로시간은 휴식시간을 제하고 1주일에 40시간 1일에 8시간

을 기준으로 하며 식사시간 및 휴식시간 1시간을 포함하여 시업은 09:00시~18:00시, 휴식시간은 12:00시~13:00시로 한다.

제29조 (시간 외 근로)
업무형편상 필요한 경우에는 소정 근로시간 외에 근로를 시킬 수 있고, 시간 외 근로는 사원의 동의를 얻어 실시할 수 있다.

제4장   휴일 및 휴가

제30조 (휴일의 종류)
① 회사는 다음과 같은 휴일을 유급휴일로 한다.
  1. 주휴일(일요일)
  2. 근로자의 날
  3. 국가가 정한 공휴일 및 국경일
② 회사는 업무상 필요에 따라 전항의 휴일을 다른 날로 대체할 수 있
  으며 매주 토요일은 격주휴무제를 통해 월차휴가를 대체 사용하고,
  명절 전후 1일을 추가 연차휴가를 사용한다.

제31조 (연차 및 기타 법정휴가)
회사는 사원에게 다음과 같이 연월차 및 기타 법정휴가를 준다.
  1. 연차휴가
    가. 1년 미만 근속자는 1월간 개근한 경우 1일의 유급휴가를 준
      다.
    나. 1년 이상 근속자가 지난 1년간 8할 이상 출근한 경우에는 15
      일의 연차유급휴가를 준다.
    다. 1년 이상 근속자의 최초 1년에 대하여는 1년 미만 근속자에
      대한 월 단위 휴가 일수를 포함하여 15일로 하고, 근로자가 이

월단위 휴가를 이미 사용한 경우에는 그 사용한 휴가 일수를 15일에서 공제한다.

　라. 3년 이상 근속자에 대하여는 15일의 기본휴가 일수에 최초 1년을 초과하는 근속연수 매 2년에 대하여 1일을 가산하되, 가산휴가를 포함한 총 휴가 일수는 25일을 한도로 한다.

2. 생리휴가 : 여사원에게는 월 1일의 무급생리휴가를 준다.

3. 산전후 휴가

　가. 임신 중의 여사원에게 90일의 유급휴가를 준다. 단, 산후에 45일 이상을 확보하여 사용하도록 한다.

　나. 임신 중 여사원의 청구가 있을 때는 가벼운 업무로 전환한다.

4. 육아휴가 : 생후 1년 미만의 영아를 가진 사원의 청구가 있을 때에는 1년 이내의 무급휴가를 준다.

제32조 (특별휴가)

회사는 사원의 경조 및 기타 특별한 경우에 다음과 같이 휴가를 줄 수 있다.

1. 경사휴가

　가. 본인의 결혼 시 : 7일

　나. 자녀출산 시 : 1일

　다. 직계존속과 배우자 부모의 회갑 시 : 1일

2. 조사휴가

　가. 자녀사망 시 : 5일

　나. 부모와 배우자의 사망 시: 6일

　다. 배우자의 부모와 조부모 사망 시: 3일

　라. 형제·자매의 사망 시 : 3일

제33조 (하계휴가)

① 사원에게는 하계휴가 5일을 부여하고, 근속 1년에 따라 1일을 추가하고 총 8일을 넘지 않는다.
② 여름휴가 사용기간은 연차휴가로 대체한다.

제34조 (연차휴가 반차사용)

사원은 개인적 사유로 출근하지 못할 경우 반차휴가(4시간) 청구를 통해 연차를 사용할 수 있다.

제5장   보   직

제35조 (보직원칙)

사원의 보직은 전공, 학력, 경력, 자격, 기능, 적성 등을 고려하여 적재적소에 배치함을 원칙으로 한다.

제36조 (직무 대리 등)

① 상위 직위자의 결원이 있거나 장기간 유고시에는 차하급 직위자로 직무대리를 보할 수 있다.
② 직책 및 직무 내용이 유사하고 담당직무 수행에 지장이 없다고 인정되는 경우에는 동일 직급 내에서 겸직시킬 수 있다.

제37조 (보직 해임)

① 사원이 다음 각 호의 1에 해당할 때에는 당해 보직을 해임, 대기 발령할 수 있다.
  1. 부정행위 또는 사내에서 불상사를 일으켰을 때
  2. 신체 정신상의 장애로 직무를 수행할 수 없을 때
  3. 당해 직무를 수행할 능력이 부족하다고 인정될 때
  4. 기구의 축소, 개편 등으로 정원관리상 부득이할 때

5. 프로젝트 업무가 중단 또는 종료되었을 때

② 전항의 규정에 의한 보직 해임사유와 조직개편상 필요하다고 판단
  되는 경우 보직을 해임할 수 있다.

제6장 이   동

제38조 (이동)

업무상 필요한 경우 또는 적재적소 배치로 인력의 효율적 활용을 위하
여 필요한 경우 이동을 명할 수 있다.

제39조 (이동원칙)

사원의 이동은 동일 직무에 1년 이상 근무한 자를 대상으로 함을 원칙
으로 한다. 다만, 승진, 직제개편, 정원조정, 기타 부득이한 경우에는
예외로 한다.

제40조 (파견근무)

① 특수 업무의 수행 또는 지원 및 공동수행 교육의 이수 등을 위하여
  1개월 이상의 기간이 필요한 경우에는 타 기관 또는 타부서 및 현
  장에 파견근무를 명할 수 있다.

② 파견 기간 중의 복무에 관하여는 그 근무기관장의 지휘감독을 받아
  야 하며, 파견 기간에 근무 기강의 해이로 책임의 불 완수 및 징계
  사유에 해당하게 된 때에는 그 소속장은 원 소속장에게 징계를 요
  구하여야 한다.

③ 파견근무는 그 임무가 종료되면 복귀발령에 따라 지체 없이 본래의
  소속 부서에 복귀하여야 한다.

제7장 승급·승호

제41조 (승급·승호 후보자 자격 요건)
① 당해 직급에 근무한 경력이 소정의 기간을 경과하여야 한다.
② 담당업무에 대한 전문지식과 회사 전 분야에 걸친 일반지식을 소지하여 주어진 직무를 처리함에 있어 능력 및 자질이 충분하다고 인정된 자라야 한다.

제42조 (종류 및 시기)
① 정기승급, 승호와 특별승급, 승호로 구분한다.
② 정기승급, 정기승호는 사원을 대상으로 매년 3월에 대표이사가 결정하되 회사형편에 따라 조정할 수 있다.
③ 특별승급, 승호는 회사 발전에 지대한 공적이 있는 자에 한하여 팀장회의 심의를 거쳐 실시한다.

제43조 (근무성적)
사원의 근무성적은 평가규정이 정하는 바에 의한다.

제44조 (승급, 승호의 제한)
① 중징계 처분을 받은 자는 처분일로부터 1년간 승급 대상에서 제외한다.
② 6개월 이상 근무하지 않은 신규 채용자(경력제외) 및 휴직 등의 사유로 결근일수가 90일을 초과한 사원은 정기승급, 승호에서 제외한다.

제45조 (심의)
승진후보자에 대한 심의는 팀장회의에서 하며, 심의를 위하여 필요시에는 승진 시험을 시행할 수 있다.

제8장 복　　무

제46조 (복무상 기본원칙)

사원은 업무상 지시명령에 복종하여 자기업무에 전념하고, 작업능률 향상에 노력함에 아울러 회사의 사규를 준수하여, 서로 협력하여 회사의 질서 유지에 전력하여야 한다.

제47조 (의무)

사원은 다음 사항을 준수하여야 한다.

1. 항상 건강에 유의하고 명랑 활발한 태도로서 근무한다.
2. 담당직무의 권한 외에 행동은 삼가야 한다.
3. 항상 품위를 지키고 회사의 명예와 신용을 손상하는 행위를 하지 말아야 한다.
4. 회사의 업무상 비밀사항 및 불이익이 되는 사항을 누설하여서는 아니 된다.
5. 회사의 시설, 기계기구, 기타 소모품을 아껴 쓰며, 원재료 연료 기타 소모품을 절약하고 제품을 주의 깊게 취급하여야 한다.
6 허가 없이 직무 이외의 목적으로 회사의 시설, 기계기구, 기타 물품을 사용하지 못한다.
7. 작업을 방해하거나 직장의 풍기와 질서를 어지럽게 하는 행위를 하지 말아야 한다.
8. 직무에 관하여 부당한 금품을 차용을 하거나 또는 증여를 받아서는 안 된다.
9. 화재와 도난방지에 유의하여야 한다.
10. 허가 없이 다른 직종 또는 다른 사업장에 종사하여서는 아니 된다.

제48조 (출장자와 근로시간)
사원의 출장 기타 사업장 외에서 근로하면 근로시간을 산정하기 곤란
할 때는 1일 8시간 근로한 것으로 본다.

제49조 (공민권, 기타 권리행사 기간)
① 사원이 근무시간 중에 선거권, 기타 공민권을 행사하거나 공의 직
　　무를 집행하기 위하여 청구할 때는 필요한 시간을 부여한다.
② 전항의 청구한 시간이 업무상 지장이 있을 때는 권리행사에 방해하
　　지 아니하는 한도 내에서 그 시간을 변경할 수 있다.

제50조 (지각 · 조퇴 및 외출)
① 지각한 자, 조퇴하고자 하는 자는 소속장에게 신고 또는 제출하여
　　야 한다.
② 외출을 하고자 하는 자는 소속장의 승인을 받아야 한다.
③ 정당한 사유 없이 당해 월간 3회 이상 지각, 조퇴, 외출한 경우에는
　　경위서를 제출해야 한다.

제51조 (결근)
① 질병, 기타 부득이한 사유로 결근할 때에는 사전에 통지 또는 연락
　　하여야 하며, 사전에 신고의 여유가 없을 때는 24시간 이내에 연락
　　하여야 한다.
② 업무 외의 부상 또는 질병으로 말미암아 3일 이상 결근할 때는 의
　　사의 진단서를 제출하여야 한다.

제52조 (신상변동의 신고)
사원이 전기, 전적, 개명 기타 이력사항 및 신상변동이 있을 때는 7일
이내에 신고해야 한다.

제53조 (손해배상)

사원이 고의 또는 중대한 과실로 말미암아 회사에 손해를 끼쳤을 때는 징계처분과는 무관히 이를 배상해야 한다.

제54조 (회사보전에의 협력)

사원은 재해 기타 비상시에는 회사보전에 적극적으로 협력해야 한다.

제9장   특별근무와 출장

제55조 (연장 · 휴일 · 야간근무)

① 회사는 사원에게 연장·휴일·야근(당일 22시부터 다음날 06시까지)을 명할 수 있다.

② 연장 · 휴일 · 야간 근무 사원에 대해서는 가산임금을 지급한다. 단, 관리감독자에 대해서는 연장, 휴일, 휴식시간을 인정하지 않는다.

제56조 (근로승인)

연장 · 휴일 · 야간 근무자는 사전에 허가된 특근계에 의하여 근로해야 한다.

제57조 (출장명령)

사원이 회사의 일로 출장할 때에는 출장명령을 받아야 한다.

제58조 (변경원)

출장명령을 받은 사원이 수명내용에 의해 출장목적을 달성할 수 없는 경우에는 출장명령 변경원(취소포함)을 제출하고 지시를 받아야 한다.

제59조 (복무보고서)

출장 근무자가 귀임했을 때는 귀임 후 3일 이내에 복무보고서를 제출

하여야 한다. 그러나 비밀에 속하는 사항 또는 간단한 사항은 구두로
보고한다.

제60조 (여비)
출장 근무자에 대해서는 여비규정이 정하는 바에 따라 출장여비를 지
급한다.

제10장　사무인계

제61조 (인계자)
사원의 퇴직, 휴직 또는 근무상의 변동이 있는 때는 그 담당업무의 서
류, 물건 및 개요와 미결 건명 등을 기록하여 장래의 처리요령 또는 자
기 의사를 붙인 인계서류를 작성하여 책임자에게 인계하여야 한다.

제62조 (특수인계)
금전, 물품의 출납 기타 계산에 종사하는 자는 계산서를 작성하고 또는
장부에 기재하여 그 현상을 명확히 해야 한다.

제63조 (절차)
사무인계를 완료했을 때는 인수, 인계자와 입회자가 연명으로 서명한
인수인계서 3통을 작성하여 인계, 인수자가 각 1통씩 소지하고 1통은
상사에게 보고하여 확인을 받아야 한다.

제11장　상　　벌

제64조 (포상의 종류 및 시기)
포상은 공로상, 우수상으로 크게 나누고 수여한다.

제65조 (포상대상자)

① 사원이 다음 각 호의 1에 해당하는 경우에는 이를 심사 후에 포상한다.

　1. 회사에 지대한 공로를 함으로써 회사 발전에 기여가 크다고 인정하는 경우

　2. 대외적으로 회사의 명예를 크게 드높인 경우

　3. 품행 단정, 기능 우수, 성실 근무하여 다른 사원의 모범이 된다고 인정되는 경우

　4. 업무상 유익한 발명, 개선 또는 고안을 한 경우

　5. 재해를 미리 방지하고 재해 시에 특히 공로가 있을 때

　6. 장기 근무한 경우. 단, 계속연수 산정 시 국내/국외 1년 이상의 연수기간과 휴직기간은 제외한다.

　7. 전 각호에 따르는 정도의 선행 또는 공로가 있다고 인정될 경우

② 전항의 포상은 상장 외에 상품, 상금 또는 호봉조정으로 수여한다.

제66조 (징계)

사원이 다음 각 호의 1에 해당할 때에는 다음 규정에 따라 징계한다.

　1. 중대한 경력을 속이거나 부정한 방법으로 입사한 때

　2. 본 규칙을 여러 차례 위반한 때

　3. 품행불량하고 회사 내의 풍기, 질서를 어지럽게 한 때

　4. 출근이 불량하고 근무가 불성실한 때

　5. 고의로 업무능률을 저해하거나 업무수행을 방해한 때

　6. 업무상 태만 또는 고의로 재해를 발생하게 하거나 회사의 시설, 기계기구를 손상한 때

　7. 정당한 이유 없이 회사의 물품을 지출하거나 지출하려고 한 때

　8. 회사의 명예 또는 신용을 손상한 때

9. 회사의 업무상 비밀을 누설한 때

10. 허가 없이 타 회사에 고용된 때

11. 업무상의 지휘명령에 위반한 때

12. 기타 관계법령 또는 그에 따른 지시를 위반한 자

13. 인사위원회가 징계 대상으로 판단

14. 성희롱 문제를 일으킨 자

제67조 (징계의 종류와 구분)

징계는 그 정도의 정상에 따라 다음 구분에 의하여 행한다.

1. 견책 : 경위서를 받고 훈계한다.

2. 감액 : 일정기간 월평균 임금총액의 10분의 1의 안의 범위에서 행한다.

3. 강급(降級): 승급을 1직급 강등시킴.

4. 보직해임 : 담당 보직을 해임하고, 일정기간 대기발령 상태로 근무.

5. 정직 : 3개월 이내 출근정지를 하며 그 기간은 임금을 지급하지 아니한다.

6. 해고 : 즉시 해고 사유에 해당하지 않는 한 30일 전에 해고 예고를 하거나 30일분의 통상임금을 지급하고 즉시 해고할 수 있다.

제12장 급   여

제68조 (급여)

사원의 급여는 연봉제를 원칙으로 하고 그 외 세부 사항은 연봉규정에 정한다.

제69조 (급여의 종류) 급여의 종류는 다음과 같다.

  1. 기본급
  2. 수 당
  3. 상 여

제70조 (급여의 계산기간 및 지급일)
급여는 당월 1일부터 당월 말일까지 분을 다음 달 5일에 지급한다. 지급일이 공휴일인 경우는 직전 일에 지급한다.

제71조 (급여지급방법)
급여의 지급방법은 다음과 같다.
  1. 신규로 채용 또는 위촉된 자나 복직된 자에 대한 당해 월분의 급여는 출근 일로부터 계산한다.
  2. 승급, 휴직은 당해 월에 한하여 발령일에 의하여 일수 계산한다.
  3. 회사 형편에 의하여 퇴직한 자 또한 사망자는 당해 월 급여의 전액을 지급한다.
  4. 징계처분에 의하여 퇴직한 자는 근무 일수에 따라 일수 계산하여 지급한다.
  5. 휴직자는 원칙적으로 휴직 기간에 급여를 지급하지 아니한다. 단, 회사에 귀책사유일 때 예외로 한다.
  6. 휴직자, 퇴직자, 해고자로서 사무인계 또는 사무처리상 명에 의하여 근무할 시는 그 기간에 대하여 종전 급여를 일수 계산 지급한다.

제72조 (단수절상)
제급여 계산에서 10원 미만의 단수가 있을 때에는 이를 절상한다.

제73조 (급여의 공제)
다음 각 호의 금액은 매월 급여에 공제하여 지급한다. 단, 필요한 경우에는 분할 공제할 수 있다.
1. 근로소득세
2. 가불금
3. 법령에 정한 금액
4. 주택자금대출금 원금 및 이자

제13장 기본급, 수당, 상여

제74조 (기본급의 산정)
기본연봉의 1/12로 나눈 금액을 월 기본급으로 하고, 통상 만근일수 미만일 때는 일수 계산한다. 일수계산은 월의 대소를 불구하고 30분의 1로 계산한다.

제75조 (연봉테이블)
직급별 연봉테이블은 매년 3월을 기준으로 물가 인상률, 동종업계수준, 회사의 지급능력 등을 고려하여 대표이사가 별도로 정한다.

제76조 (연차수당)
회사는 매년 1.1~12.31일까지를 기준으로 사원의 연차휴가 미사용 잔여일수에 대해서는 통상임금을 기준으로 수당으로 지급한다.

제77조 (정기상여)
상여금은 회사의 경영실적에 따라 지급할 수 있다.

제78조 (특별성과급)
전년도 회사의 영업실적을 기준으로 하여 대표이사 재량하에 일정액의 성과 상여를 지급할 수도 있다.

제14장 퇴직금

제79조 (지급대상)

① 근속연수 1년 이상 재직한 사원이 퇴직하는 경우 퇴직금을 지급한다.

② 사원이 임원으로 선임되는 경우에는 퇴직으로 간주하여 퇴직금을 지급한다.

제80조 (퇴직금 지급방법)

① 퇴직금의 지급은 원칙적으로 퇴직일로부터 14일 이내에 현금 지급한다. 단, 특별한 사정이 있을 때 사원과의 합의에 따라서 지급일의 연기가 가능하다.

② 대부금, 기타 납부의무액은 공제하고 지급한다.

제81조 (퇴직금 산정)

① 퇴직금 지급액은 평균임금에 근속연수를 곱한 금액으로 한다.

② 전항에서의 평균임금이라 함은 퇴직발령일 이전 3개월간의 급여총액을 3등분 한 금액과 퇴직발령일로부터 소급하여 1년 이내에 지급한 상여금 및 각종수당을 12등분 한 금액을 합한 것을 말한다.

제82조 (근속연수 계산방법)

① 근속연수는 사원 입사일로부터 퇴직발령일로 한다.

② 근속연수에 대한 계산은 일할계산을 원칙으로 한다.

제83조 (특별위로금)

이사회 결의에 의해 다음 각 호에 해당하는 자에 대하여는 규정된 기준이상의 특별위로금을 지급할 수 있다.

  1. 회사의 발전에 기여한 공적이 현저한 자

　　2. 업무상 상병으로 퇴직하는 자 또는 순직자
　　3. 기타 회사발전에 이바지한 자

제84조 (권리의 양도금지)
퇴직금의 청구권은 양도나 담보의 목적으로 사용하지 못한다.

제85조 (근로기준법과의 관계)
이 규정 중 근로기준법과 상치되는 조항이 있을 시에는 근로기준법을
따르며 이 규정에 없는 경우에도 근로기준법 규정을 따른다.

제15장　교육안전 및 보건위생

제86조 (성희롱 예방교육)
회사는 사원에 대하여 연 1회 성희롱 예방 교육을 할 수 있다.

제87조 (안전 및 보건)
사원은 위험방지 및 보건위생을 위하여 다음 사항을 지켜야 한다.
　　1. 안전 및 보건에 관한 규칙과 지시에 복종할 것
　　2. 항상 직장의 주위환경 정화와 정리정돈을 생활화하고 재해발생을
　　　사전에 방지하도록 노력할 것
　　3. 안전장치, 소화설비, 위생설비, 기타 위생방지를 위해 시설물을
　　　허가 없이 제거, 변경 또는 그 효력을 상실하게 하는 행위를 하지
　　　말 것
　　4. 작업의 전후에는 사용 장치, 기계기구의 점검을 하고 작업 중에는
　　　소정의 작업동작 공정방법을 엄수할 것
　　5. 정해진 장소 이외에서는 허가 없이 화기를 사용하거나, 흡연하지
　　　말 것

  6. 회사에서 행하는 건강진단, 전염병 예방조치 등은 꼭 받을 것

  7. 상기 이외의 안전 및 보건에 관한 사항은 따로 정한다.

제88조 (건강진단)

사원은 다음과 같이 건강진단을 한다.

  1. 채용 시 또는 채용되고 산업안전보건법에 의한 소정의 건강진단을 한다.

  2. 회사는 사원의 진단결과에 따라 필요한 조처를 할 수 있다.

제89조 (보고기타)

사원은 업무상 상병 또는 위험한 전염병이 발생한 것을 알았을 때에는 즉시 회사에 보고하여야 한다.

제16장 복리후생

제90조 (식대보조비)

① 사원에게는 식대보조비를 지급한다.

② 식대보조비는 출근자에게 지급하는 것을 원칙으로 한다.

제91조 (차량유지비)

① 사원이 회사 업무를 위해 자기 차량을 이용하면 차량유지비를 지급한다.

② 사원이 회사 업무를 위해 교통비를 지출하면 이를 지급한다.

제92조 (이동전화 사용 지원비)

① 사원이 회사 업무를 위해 휴대전화기를 사용한 경우 일정액의 지원금을 지급한다.

② 회사가 인정한 부서의 사원에 한하여 이를 지급한다.

제93조 (경조금)

사원의 경조 시 별도의 정하는 경조금을 지급한다.

부　　　칙

(시행일)

이 규정은 200　년　　월　　일부터 시행한다.

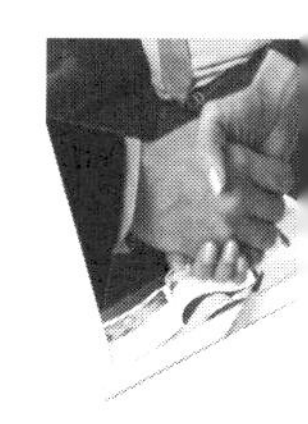

3. 연봉 규정

제1장 총 칙

제1조 (목적)

이 규정은 (주)○○○○○ 취업규칙 제68조의 규정에 따라 사원의 연봉에 관하여 필요한 사항을 규정함을 목적으로 한다.

제2조 (적용범위)

사원의 연봉은 취업규칙 또는 다른 규정에 특별히 정한 것을 제외하고는 이 규정에 의한다.

제3조 (용어의 정의)

이 규정에서 사용하는 용어의 정의는 다음과 같다.

1. "연봉"이라 함은 사원에게 근로의 대상으로 지급되는 기본연봉, 성과연봉, 1년치 퇴직금을 말한다.
2. 매년 3월 1일부터 다음 해 2월 말일까지 1년간 지급되는 해당 직책, 승급, 승호 및 업무실적 등의 평가결과를 반영하여 지급되는 급여를 말한다.
3. "기본연봉"이라 함은 기본급, 직책수당, 시간 외 수당(월평균 30시간 반영)을 기준으로 하여 정한 금액을 말한다.
4. "성과연봉"이라 함은 상여금 등으로 구성되며 사원의 평가결과에 따라 차등 지급되는 급여를 말한다.
5. "연봉 외 급여"는 회사의 경영실적에 따라 지급되는 성과급을 말한다.

6. "평균임금"이라 함은 이를 산정하여야 할 사유가 발생한 날 이전 3개월간에 지급된 임금을 그 기간의 총일수로 나눈 금액을 말한다.

제2장　연봉의 결정

제4조 (연봉의 조정)

① 사원의 연봉은 매년 3월 1일을 기준으로 전년도 업무실적 등에 대한 평가결과에 따라 조정한다.

② 제1항의 규정에 의한 평가방법 등 연봉조정에 필요한 세부적인 사항은 대표이사가 따로 정한다.

제5조 (연봉액 통보)

① 회사는 제4조의 규정에 따라 책정된 연봉액을 결정일로부터 30일 이내에 개별 통보한다.

② 제1항의 규정에 따라 연봉액을 통보받은 사원이, 연봉결정내용에 이의가 있는 경우, 연봉 결정명세서를 통보받은 날로부터 10일 이내에 이의신청사유 및 근거를 첨부한 연봉 이의신청서를 회사에 제출하여야 한다.

③ 통보받은 연봉액에 대하여는 본인 이외에 비밀로 하여야 하며 타인에게 누설하면 징계 등 인사상의 불이익 처분을 할 수 있다.

제6조 (연봉의 지급)

① 기본연봉을 12등분 하여 지급한다.

② 제7조의 규정에 따라 당해 연도 연봉계약이 체결되기 전까지의 보수는 전년도 연봉을 기준으로 지급하고, 전년도 연봉액과 당해연도 연봉액과의 차액은 당해연도 연봉계약이 체결된 후 소급 정산한다.

제7조 (연봉 등의 계산)

연봉은 다른 규정에 특별히 정한 것을 제외하고는 신규채용, 승진, 전직, 감액, 기타 임용에 있어서 발령일을 기준으로 연봉월액을 일할 계산하여 지급한다.

제8조 (연봉지급의 방법)

보수는 다른 법령에 특별한 규정이 있는 경우를 제외하고는 사원이 지정한 은행계좌로 지급함을 원칙으로 한다. 다만, 법률로 정하는 세금 또는 보험료와 사원과 사전에 협의하는 사항 등은 공제할 수 있다.

제9조 (급여지급일)

① 사원의 급여는 매월 5일에 지급한다.

② 급여지급일이 토요일 또는 공휴일인 때에는 그 전일에 지급한다.

③ 제1항 및 제2항의 규정에도 특별한 사정이 있으면 그 지급일을 변경할 수 있다.

제10조 (지급의 특례)

사원의 수입에 의하여 생계를 유지하는 자가 다음 각 호의 1에 해당하는 경우로서 당해 사원으로부터 급여의 청구가 있을 때에는 지급기일 전이라도 수급의 권리가 발생한 급여의 안의 범위에서 이를 지급할 수 있다.

　1. 출산하거나 질병 또는 재해를 입었을 때

　2. 혼인 또는 사망한 때

　3. 부득이한 사유로 말미암아 1주일 이상 귀향하게 된 때

제11조 (신규 채용 시 연봉책정)

① 사원으로 신규채용 된 자의 연봉은 전 직장의 임금수준 및 경력, 업

무능력 등을 고려하여 연봉을 책정한다.

② 신규 채용 시 연봉책정에 관하여 기타 필요한 사항은 대표이사가 따로 정한다.

제3장   연봉의 산정

제12조 (수습기간에 대한 연봉)
신규입사자의 3개월 수습기간의 연봉은 입사일 기준으로 월 연봉의 70%를 적용하여 일할계산하여 지급한다.

제13조 (승급 시 연봉지급)
승급한 사원의 연봉은 승급하기 전 연봉에 일정액을 가산하여 책정하되 그 기준은 연봉테이블에 따로 정한다.

제14조 (강급 시 연봉지급)
강급(降級)된 사원에 대하여는 당해연도 연봉계약기간 중이라도 징계규정에 따라 결정된 징계처분에 따른다.

제15조 (직무대리 및 겸임 자의 연봉)
직무대리 또는 겸임발령을 받았으면 원 직급에 해당하는 연봉을 지급한다.

제16조 (잔무처리기간에 대한 연봉)
휴직·정직 또는 퇴직한 자로서 사무인계 또는 잔무처리를 위하여 대표이사의 명을 받아 근무하는 경우에는 30일을 초과하지 아니하는 범위에서 재직시와 동일한 연봉을 일할 계산하여 지급할 수 있다.

제17조 (중도퇴직자의 연봉)
① 사원이 연도 중에 퇴직할 때에는 퇴직 당시의 연봉을 일할 계산하

여 지급한다.

② 연봉 일할계산 기준은 월 급여의 1/30로 계산한다.

제18조 (대기발령기간 중의 연봉)

대기발령기간에 대하여는 징계규정에 정한 바를 따른다.

제19조 (휴직기간 동안의 연봉)

① 업무상 휴직은 해당 전 기간에 대하여 연봉 월액의 70%를 지급한다.

② 공상에 의한 휴직기간에 대하여는 연봉 월액 50%를 지급한다. 단 휴직기간이 3개월을 초과한 경우와 교통사고 등으로 제삼자로부터 보상을 받았을 때는 제외한다.

③ 육아휴직기간 및 업무 외 사유로 말미암은 휴직기간에 대하여는 무급으로 한다.

제20조 (휴가기간에 대한 연봉)

① 근로기준법에 의한 산전후 휴가기간에 대하여는 연봉 월액을 지급한다.

② 근로기준법의 규정에 의해 부여된 연차휴가일수를 부득이한 업무상 사유로 사용하지 못한 사원에 대하여 '월급여/30일×미사용 연차일수'에 해당되는 수당을 지급한다.

제21조 (무단결근기간에 대한 연봉산정)

무단결근의 경우에는 일할 계산하여 연봉을 삭감하며, 징계규정에 정한 바를 따른다.

제4장 연봉의 구성

제22조 (기본연봉)

사원의 기본연봉은 기본급, 직책/시간외수당으로 연봉테이블에 의한다.

제23조 (성과연봉)

사원의 성과연봉은 상여금으로 구성되며 평가결과에 따라 지급하고 그 지급기준 및 지급액에 대하여는 대표이사가 별도로 정한다.

제24조 (연봉 외 급여)

사원의 생산성 향상으로 인한 매출증가 및 순이익 증가분에 대하여 지급되는 보수를 말한다.

제25조 (집단성과급)

① 매 회계 연도의 결산 잉여금이 있을 때에는 이사회의 의결을 거쳐 집단성과급의 지급을 결정할 수 있다.

② 집단성과급은 지급일 현재 재직자에 대하여 회사의 경영성과에 따라 단위조직 실적을 반영하여 부서별, 현장별 또는 개인별로 차등 지급하며, 지급률 및 지급시기는 대표이사가 별도로 정한다.

③ 집단성과급의 지급방법 및 절차 등 세부적인 기준은 대표이사가 별도로 정한다.

제5장   연봉조정

제26조 (연봉조정의 원칙)

회사는 매년 경영성과 등을 고려하여 임금인상재원을 결정하며 공정하고 합리적인 평가기준에 의해 개인별로 연봉을 조정한다.

제27조 (연봉조정의 종류)

연봉 조정시기는 정기조정과 수시조정으로 구분한다.

제28조 (정기조정)

연봉체결 1개월 전을 기준으로 하여 연봉제 적용사원을 대상으로 개인의 능력 및 성과에 따라 차등 조정한다.

제29조 (수시조정)

연봉계약기간 중이라도 다음 각 호의 연봉조정사유가 발생할 경우 회사는 수시로 연봉조정을 할 수 있다.

1. 승급, 승호, 강급 등 인사규정상 신분변동이 있을 경우
2. 복무규정에서 정한 직무능력이 현저히 저하된 경우
3. 회사의 경영상 사정에 의한 경우
4. 연봉결정사유가 허위, 부정한 방법 등으로 결정되었을 경우
5. 기타 회사가 연봉조정사유가 있다고 인정하는 경우

제30조 (기본연봉 조정원칙)

전년도 물가인상률 및 생산성을 고려하여 연봉제 사원에 대해 일률적으로 인상률을 반영한다.

제31조 (기본연봉 조정방법)

기본연봉에 인상률을 곱해 일률적으로 인상한다.

제32조 (성과연봉 조정원칙)

① 년2회 평가결과에 따라 차등 지급한다.
② 평가등급, 인원비율과 인상계수는 매년 대표이사가 별도로 결정한다.
③ 평가등급은 A, B, C, D, E 의 5단계 나누어 인상률을 가감할 수 있다.

제33조 (연봉 조정효력)

당해 연도 연봉 조정효력은 다음 년도에 영향을 미치지 않으며 연봉 테이블에 따라 조정한다(연봉 비누적 방식).

제34조 (복리후생)

회사는 사원의 복리후생이나 직무수행에 필요한 비용은 연봉과는 별도로 지원할 수 있다.

제6장　퇴직급여금

제35조 (퇴직금 지급기준)

① 회사는 만1년 이상 근속한 사원에 대하여 근로기준법에서 정한 기준에 따라 퇴직금을 지급한다.

② 퇴직금 중간정산금을 지급받은 후의 퇴직금 산정을 위한 계속근로연수는 정산시점부터 새로이 기산한다. 단, 연차휴가, 승진, 승급을 위한 근속연수는 퇴직금 중간정산과 관계없이 계속 유지된다.

③ 퇴직금은 1년 단위 정산을 원칙으로 한다.

제36조 (근속연수의 계산)

근속연수는 사원으로 임명된 날로부터 퇴직한 날까지를 계산한다.

제37조 (퇴직금의 산정)

① 퇴직금은 매년 결정된 총 연봉의 1/13에 해당하는 금액으로 한다.

② 전항의 퇴직금 산정을 위한 평균임금을 산정함에 있어 기업이윤에 상응하여 지급하는 연봉 외 급여나 집단성과급 금액은 퇴직금에 합산하지 않는다.

제38조 (퇴직급여의 지급일 및 수령권자)
퇴직급여의 지급일은 퇴직금 지급 사유가 발생한 날로부터 14일 이내
에 본인 또는 그 유족에게 지급한다.

부   칙
이 규정은 200 .   .   부터 시행한다.

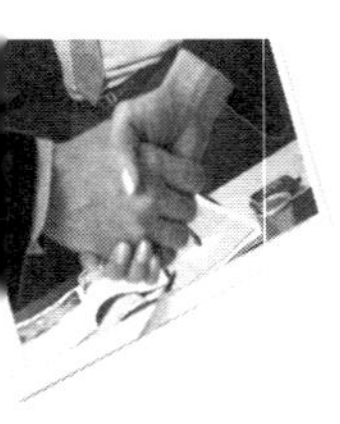

4. 연봉 평가 규정

총   칙

제1조 (목적)

이 규정은 (주)○○○○○○ 연봉규정에 따라 사원의 업무수행능력, 조직 기여도, 근무태도 등을 종합적으로 평가하여 승진·승격 및 성과연봉을 결정하는 기준으로 정함을 목적으로 한다.

제2조 (평가의 원칙)

평가는 피평가자의 업무능력, 적극성, 인간관계 및 협동정신, 규율, 근태 등을 평가하되 다음 원칙에 의하여야 한다.

1. 평가자는 피평가자의 직무내용과 직무수행 요건을 평가기준으로 하여야 하며 직무가 상이한 타 사원과 동일 기준으로 비교 평가해서는 안 된다.
2. 평가는 객관적으로 공정성이 있어야 하며 편견이나 개인사정, 성별, 신앙 또는 신조, 사회적 신분, 문벌, 지연, 학연 등에 좌우되어서는 안 된다.
3. 평가는 종래의 평가결과나 당해 평가기간이 이전에 있었던 실책 등에 좌우되어서는 안된다.
4. 평가는 평가자 자신이 직접 확인한 사실이나 신뢰성 있는 보고기록에 의하여야 하며 막연한 추측에 의해서는 안 된다.

제3조 (평가자)

① 사원의 경우 1차 평가자는 팀장 또는 관리자, 2차 평가자는 담당임원 또는 대표이사가 한다.

② 팀장의 경우 1차 평가자는 담당임원, 2차 평가자는 대표이사가 한다.

③ 평가기준일 현재 재직기간이 60일 미만인 자는 평가자가 될 수 없다. 단, 제1,2항의 규정에 의하여 평가자가 정하여 지지 않는 경우에는 대표이사가 이를 지정한다.

제4조 (피평가자)

① 평가기준을 현재 다음 각호의 1에 해당하는 자를 제외한 모든 사원은 피평가자가 된다. 단, 평가의 필요가 없다고 인정되는 직급에 대하여는 대표이사가 정하는 바에 따라 당해연도 평가를 생략할 수 있다.

② 다음 제1호 내지 제5호에 해당하는 자가 평가기간의 3분의 2이상을 근무하였을 때는 평가대상으로 한다.

  1. 휴직중인 자
  2. 정직중인 자
  3. 1개월 이상 결근중인 자
  4. 복직 후 1개월 이하인 자
  5. 국외 연수 중인 자
  6. 입사 또는 승격 후 2개월 이하인 자

제5조 (평가의 종류)

① 평가는 정기평가와 수시평가로 구분하여 실시한다.

② 정기평가라 함은 당해 평가대상기간 중의 모든 피평가자에 대하여

대상기간 말일자로 평가하는 것을 말한다.

③ 수시평가라 함은 인사관리상의 필요에 의하여 인사 담당이 평가기
   준일을 정하여 필요한 대상에 대하여 수시평가 하는 것을 말한다.

제6조 (평가대상기간 및 기준일)

정기평가는 매년 1월1일부터 12월31일까지를 대상기간으로 하고 이
를 6월말, 12월말 기준으로 년 2회 실시함을 원칙으로 한다. 다만, 필
요한 경우에는 인사담당이 동 평가 기준 일을 변경할 수 있다.

제7조 (평가의 실시)

평가는 인사담당의 주관 하에 실시하고 본 규정에 정하지 않는 평가실
시에 관한 기타 세부사항은 별도로 대표이사가 정한다.

제8조 (평가표)

연봉평가표 (별표1)에 의하여 실시한다.

제9조 (평가성적)

① 각 평가자는 피평가자에 대한 업적 및 능력을 각각 평가하고 이를
   단순 산술평균한 것을 피평가자의 평가점으로 한다.
② 평가 성적은 100점 만점으로 한다.
③ 성적을 계산함에 있어서 소수점 아래 둘째자리 미만은 이를 절사
   한다.
④ 평가점수에 따라
   A등급 : 91점 이상
   B등급 : 81~90점까지
   C등급 : 61~80점까지
   D등급 : 51~60점까지

　E등급 : 50점 이하로 한다.

제10조 (평가 비율)

① 인사담당은 매년 평가비율을 결정하여 대표이사의 결재를 득한 후 평가자에게 전달한다.

② 강제 분할 평가비율은 회사의 경영실적에 따라 조정한다.

③ 회사가 결정한 평가비율을 지키지 않은 평가결과에 대해서는 회사에서 조정할 수 있다.

④ 피평가자의 수가 분포비율에 적합하지 않을 경우에는 상기①~③항을 적용하지 않을 수 있다.

제11조 (평가표의 재작성)

평가가 다음 각 호의 1에 해당하는 경우 인사담당은 그 사유를 제시하고 해당 평가자에게 평가표의 재작성을 요구해야 한다.

　1. 평가방법에서 제10조의 규정에 위배될 때

　2. 기타 작성상 특정 피평가자에게 불이익을 주는 중대한 미비점이 있을 때

제12조 (사원이동 시의 평가)

피평가자 또는 평가자가 평가기준일 전 60일 내에 이동되었을 때는 종전 근무부서의 평가자와 이동부서 평가자의 평가를 종합하여 평가한다.

제13조 (평가표의 제출)

평가표는 평가자가 직접 봉하여 인비로 작성하여 기준일로부터 15일 이내에 인사담당자에게 제출하여야 한다.

제14조 (평가결과의 보고)

인사담당은 평가결과를 종합 집계하여 대표이사에게 보고하여야 한다.

제15조 (평가결과의 비공개)
평가의 결과는 공개하지 아니함을 원칙으로 한다.

부   칙

제1조 (시행일)
이 규정은 200 년   월   일부터 시행한다.

(별표1)

연봉평가표

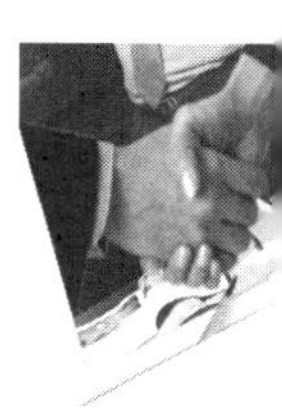

- **작성일자 (200 년 월 일)**

피 평 가 자	소 속		직 위	
	성 명		현직급 발령일	
	입사일자		현보직 발령일	

- **평가대상기간 (200 년 월 일 ~ 200 년 월 일)**

평 가 자	구 분	직 위	성 명	점 수
	1차		(인)	
	2차		(인)	
인 사 담 당 자				
1.2차 평균점수			최종 평가등급	

능력평가(공통)

	평가항목	가중치	1차 평가					점수	2차 평가					점수
			S	A	B	C	D		S	A	B	C	D	
능력요소	1. 직무지식	15	15	12	9	6	3		15	12	9	6	3	
	2. 이해력	15	10	8	6	6	2		10	8	6	4	2	
	3. 응용/개선능력	10	5	4	3	2	1		5	4	3	2	1	
	4. 수행력	10	10	8	6	4	2		10	8	6	4	2	
	5. 판단력	5	5	4	3	2	1		5	4	3	2	1	
	6. 표현력	5	10	8	6	4	2		10	8	6	4	2	
	7. 정보수집/분석력	10	5	4	3	2	1		5	4	3	2	1	
태도요소	8. 책임감	15	10	8	6	4	2		10	8	6	4	2	
	9. 협조성	10	15	12	9	6	3		15	12	9	6	3	
	10. 도전의식	5	15	12	9	6	3		15	12	9	6	3	
	합 계	100												

업적평가(영업직)

구분	평가항목	가중치	1차 평가					점수	2차 평가					점수
			S	A	B	C	D		S	A	B	C	D	
매출액	1. 매출목표	10	15	12	9	6	3		15	12	9	6	3	
	2. 매출달성도	10	10	8	6	4	2		10	8	6	4	2	
	3. 매출이익목표	10	5	4	3	2	1		5	4	3	2	1	
	4. 매출이익달성률	20	10	8	6	4	2		10	8	6	4	2	
수금률	5. 수금전표	10	10	8	6	4	2		10	8	6	4	2	
	6. 월별수금실적	10	15	12	9	6	3		15	12	9	6	3	
	7. 수금실적률	30	15	12	9	6	3		15	12	9	6	3	
	합 계	100												

업적평가(생산직)

구분	평가항목	가중치	1차 평가					점수	2차 평가					점수
			S	A	B	C	D		S	A	B	C	D	
생산량	1. 생산목표	10	15	12	9	6	3		15	12	9	6	3	
	2. 생산목표달성도	20	10	8	6	4	2		10	8	6	4	2	
	3. 전년대비증가율	10	5	4	3	2	1		5	4	3	2	1	
	4. 월별생산실적률	10	10	8	6	4	2		10	8	6	4	2	
불량률	5. 불량감소 목표	15	10	8	6	4	2		10	8	6	4	2	
	6. 불량감소 달성률	20	15	12	9	6	3		15	12	9	6	3	
	7. 월별 불량감소율	15	15	12	9	6	3		15	12	9	6	3	
합 계		100												

평가자 종합의견

	1차 평가자	2차 평가자
의견		

※ 평가요령
- 평가항목별 정의 및 평가기준을 속독한 후 평가
- 모든 평가항목의 평가가 끝나면 평가항목별 점수를 더해서 합계란에 게재
- 평가자 종합의견란에는 피평가자에 대한 특기사항이나 요망사항, 능력개발 필요사항 등을 기재

평가 항목별 정의 및 평가기준

평가 요소	정 의	평 가 기 준
1 직무지식	담당직무 수행에 직접적으로 필요한 이론지식, 실무지식	S. 자기가 담당한 분야에 대해서는 동등한 수준에 있고 예외적 업무에 대해서도 정확하게 처리할 수 있다.
		A. 자기가 담당한 분야의 필요지식은 충분히 가지고 있고 예외적인 업무도 어느 정도 독자적으로 처리할 수 있다.
		B. 필요로 하는 지식은 평균적인 수준에 달해 있어 지식 부족에 의한 문제는 별로 없다.
		C. 일부지식의 부족 때문에 실무처리가 문제가 발생하므로, 상위자의 지도/조언이 때때로 필요하다.
		D. 전문지식이 부족하기 때문에 실무처리에 문제가 많아 맡길 수 있는 업무가 제한되어 있다.
2 이해력	문제나 상황을 신속, 정확하게 파악하고 업무상의 지시 내용을 이해하는 능력	S. 상위자의 방침과 지시를 신속, 정확하게 이해하며, 새로운 일과 복잡 곤란한 상황에 있어서도 핵심이나 요점을 정확히 파악하고 이해한다.
		A. 상위자의 방침과 지시를 신속, 정확하게 이해하며, 새로운 일과 복잡 곤란한 제상황도 정확하게 이해할 수 있다.
		B. 상위자의 방침과 지시에 대한 이해도는 빠르나 새로운 일이나 복잡한 상황에는 시간이 요구된다.
		C. 상위자의 방침과 지시 및 일반적인 제상황에 대한 이해가 부족하여 업무에 지장이 종종 있다.
		D. 상위자의 방침과 지시 및 일반적인 제상황에 대한 이해가 매우 부족하여 업무에 지장이 많다.

평가 요소	정 의	평 가 기 준
3 응 용 / 개 선 능 력	습득한 업 무 지 식 을 응 용 하 여 문 제 점 을 파 악 하 고 보다 효과 적인 해결 방법을 제 시하는 능 력	S. 업무에 대한 적응 속도가 빠를 뿐 아니라, 습득한 지식을 응용하여 종래의 업무처리 방법, 순서 등을 효과적으로 개선하고 있다. A. 업무에 적응속도가 빠르고, 습득한 지식을 응용하여 습득한 지식을 업무개선에 적절히 활용하고 있다. B. 업무에 적절하게 적응하고 있고, 업무개선에 부분적으로 활용하고 있다. C. 업무에 대한 적응을 하고 있지만, 습득한 지식을 응용하여 업무개선을 하기는 어렵다. D. 업무에 대한 적응이 부족하여 업무개선의 여지가 없다.
4 수 행 력	주어진 업 무 목 표 를 일정에 맞 게 완결하 고 명확한 결과를 제 시하는 능 력	S. 모든 업무에 있어 일정계획에 맞게 업무를 수행하고 있으며 문제점에 대한 정확한 원인분석 및 대안제시를 하고, 결과가 또한 매우 만족스럽다. A. 업무의 중요도와 일정계획을 체크하여 일정을 잘 지키며 업무 결과도 만족스럽다. B. 업무 일정 기일을 잘 지키나, 업무결과는 약간의 보완을 요한다. C. 업무계획은 일정대로 끝나는 경우가 적으며, 또한 업무결과에 오류가 있어 재검토가 필요하다. D. 업무를 일정에 맞게 끝내는 경우가 거의 없고, 업무결과의 오류가 맞아 항시 재검토가 필요하다.

평가 요소	정 의	평 가 기 준
5 판 단 력	방침이나 지시에 대 한 요점파 악 및 적절 한 판단으 로 결론을 내릴 수 있 는 능력	S. 조직의 방침이나 지시사항, 상황의 의미를 파악하여 결론을 내리고 업무를 추진한다. A. 방침이나 지시사항을 이해하고 상황판단도 대체로 적절하며 합리적 결론을 내린다. B. 대체로 문제없을 정도로 방침이나 지시를 이해하여 일상업무에는 지장이 없다. C. 이해에 시간도 걸리고 때때로 틀린 판단을 할 경우도 있다. D. 판단이 느리며 우유부단하여 조직 업무에 지장을 주는 경우가 많다.
6 표 현 력	전달하려고 하는 생각 이나 의도 를 구두 혹 은 문서를 통하여 논 리적이고 구체적으로 표현하고, 납득시킬 수 있는 능 력	S. 매우 정확하고 논리적인 표현을 할 수 있어 높은 설득력으로 상대방의 이해를 매우 쉽게 구할 수 있다. A. 정확하고 논리적인 표현을 할 수 있어 상대방에게 충분한 이해를 구할 수 있다. B. 필요한 표현력과 설득력을 가지고 있어 업무수행에는 지장이 없다. C. 필요한 표현력은 있으나 설득력이 부족해 업무수행에 가끔 지장을 준다. D. 필요한 표현력과 설득력이 부족하여 업무 수행에 지장이 많다.

평가 요소	정 의	평 가 기 준
7 정 보 수 집 / 분 석 력	업무수행 에 직·간접 으로 필요 한 정보를 적절히 수 집할 뿐 아 니라, 이를 분석하여 업무수행 에 도움이 되도록 자 료화하는 능력	S. 업무수행 과정에서 최신정보를 다양한 경로를 통해 수집하여 이를 잘 이해할 수 있고, 필요한 정보자료는 항상 요약, 정리해 업무에 적절히 활용하고 있다. A. 업무수행 과정에서 각종 정보자료를 수집해 이해할 수 있고 그 정보자료를 요약정리하여 업무에 활용하고 있다. B. 업무수행 과정에서 정보자료를 수집해 이해할 수 있고 업무에 어느 정도는 활용한다. C. 관련정보 수집과 분석능력이 어느 정도 있으나 업무에 활용은 미흡하다. D. 관련정보 수집과 분석능력이 부족해 정보자료를 업무에 적용할 능력이 갖추어지지 않았다.
3 책 임 감	자신의 역 할이나 입 장을 충분 히 이해하 여 기대에 부응하려는 노력을 하 고 책임회 피와 전가 를 하지 않 으며 일을 납기 내에 완수하려는 자세	S. 자신의 역할이나 입장을 충분히 이해하고 있고, 상당히 곤란한 상황에 직면해 있어도 기대에 부응하기 위해 최대한 노력을 하고, 일을 완수해 업무에 지장을 끼치는 일이 없다. A. 자신의 역할이나 입장을 충분히 이해하고 있으며, 상당히 곤란한 상황에 직면해 있어도 자신의 노력으로 극복해 업무수행 결과가 무난하며 책임회피와 전가를 하지 않는다. B. 자신의 역할이나 입장을 이해하고 있으며, 노력부족으로 인한 업무수행에는 지장이 없다. C. 자신의 역할이나 입장에 대한 이해가 부족하고 노력이 충분하지 않아 업무에 큰 지장을 끼치는 경우가 가끔 있다. D. 자신의 역할이나 입장에 대한 이해가 부족하기 때문에 책임회피 내지 전가시키는 경우가 있으며, 일을 완수하지 못해 업무에 큰 지장을 주는 경우가 많다.

평가 요소	정 의	평 가 기 준
9 협 조 성	조직의 일원으로서 동료 및 다른 부서에 협력하려고 하며 전체적 발전에 부응하는 자세	S. 조직의 일원으로서 자각은 충분하여 주변과 조화를 잘 이루며 업무상 관련 있는 사람과 긴밀한 연결로서 업무진행을 찾아가서 도와주며, 전체적 발전을 위해 자발성을 보인다. A. 조직의 일원으로서 자각은 충분하여 주변과 조화를 잘 이루며 업무상 관련이 있는 사람의 요청에 따라 적극적으로 도와준다. B. 조직의 일원으로서 자각은 어느 정도 있어 주변 및 자신의 업무에는 신경을 쓰나, 주위의 협조에는 다소 소극적이다. C. 조직의 일원으로서 자각이 부족하며 주위 일에도 소극적이다. D. 조직의 일원으로서 자각이 부족할 뿐 아니라 동료와의 관계도 원만하지 못해 주변과 분쟁이 많다.
10 도 전 의 식	어렵고 힘든 일이라고 실패를 두려워하지 않고 능동적이며 과감하게 도전하여 그것을 성취하려는 자세	S. 담당업무 뿐만 아니라 새롭고 곤란한 일에도 항상 의욕적이고 능동적인 자세로 높은 수준의 목표를 정하고 성취하고자 하는 의욕이 매우 강하다. A. 담당업무 뿐만 아니라 새롭고 곤란한 일에도 회피하지 않고 능동적인 자세로 높은 수준의 목표를 정하고 성취하고 하는 의욕이 강하다. B. 담당업무뿐만 아니라 새롭고 곤란한 일에도 어느 정도 능동적으로 임한다. C. 담당 업무는 적극적이나 새롭고 곤란한 일에 있어서는 다소 수동적으로 임한다. D. 담당업무에 있어서도 수동적이다.

업적평가 평가기준

구분	평가요소	평 가 기 준
영업직	1 이익목표	S. 달성 가능한 이익 목표를 적절히 설정하여 이익 목표에 도달할 가능성이 크다.
		A. 달성하기에 약간 지나친 목표를 설정하여 이익 목표에 무리가 있다.
		B. 약간 미흡한 목표를 설정하여 이익 목표에 어렵지 않게 도달할 수 있다.
		C. 매출 목표 의욕이 다소 부족하여 이익 목표 달성에 어려움이 있다.
		D. 이익 목표에 대한 의욕이 매우 부족하며 이익목표 달성에 어려움이 많다.
	2 이익 달성률	S. 100% 이상 달성
		A. 90% 이상 달성
		B. 80% 이상 달성
		C. 70% 이상 달성
		D. 60% 이상 달성
	3 전년대비 성장률	S. 50% 이상
		A. 40% 이상
		B. 30% 이상
		C. 20% 이상
		D. 10% 이상
	4 월별이익 실적	S. 100% 이상
		A. 90% 이상
		B. 80% 이상
		C. 70% 이상
		D. 60% 이상

구분	평가요소	평 가 기 준
영 업 직	5 수금목표	S. 달성 가능한 수금 목표를 절절히 설정하여 수금 목표에 도달할 가능성이 크다.
		A. 달성하기에 약간 지나친 목표를 설정하여 수금 목표에 도달하기에 무리가 있다.
		B. 약간 미흡한 목표를 설정하여 수금 목표에 어렵지 않게 도달할 수 있다.
		C. 수금 목표 의욕이 다소 부족하여 수금목표 달성에 어려움이 있다.
		D. 수금 목표에 대한 의욕이 매우 부족하며 수금목표 달성에 어려움이 많다.
	6 수금 달성률	S. 100% 이상 달성
		A. 90% 이상 달성
		B. 80% 이상 달성
		C. 70% 이상 달성.
		D. 60% 이상 달성
	7 월별수금 실적	S. 100% 이상
		A. 90% 이상
		B. 80% 이상
		C. 70% 이상
		D. 60% 이상

구분	평가요소	평 가 기 준
생산직	1 생산목표	S. 달성 가능한 이익 목표를 적절히 설정하여 생산량 목표에 도달할 가능성이 크다.
		A. 달성하기에 약간 지나친 목표를 설정하여 생산 목표에 무리가 있다.
		B. 약간 미흡한 목표를 설정하여 생산 목표에 어렵지 않게 도달할 수 있다.
		C. 매출 목표 의욕이 다소 부족하여 생산 목표 달성에 어려움이 있다.
		D. 이익 목표에 대한 의욕이 매우 부족하며 생산목표 달성에 어려움이 많다.
	2 생산 달성률	S. 100% 이상 달성
		A. 90% 이상 달성
		B. 80% 이상 달성
		C. 70% 이상 달성
		D. 60% 이상 달성
	3 전년대비 생산 성장률	S. 50% 이상
		A. 40% 이상
		B. 30% 이상
		C. 20% 이상
		D. 10% 이상
	4 월별생산실적 달성률	S. 100% 이상
		A. 90% 이상
		B. 80% 이상
		C. 70% 이상
		D. 60% 이상

구분	평가요소	평 가 기 준
생산직	5. 불량률 감소 목표	S. 달성 가능한 감소 목표를 절절히 설정하여 불량률 감소목표에 도달할 가능성이 크다.
		A. 달성하기에 약간 지나친 목표를 설정하여 감소 목표에 도달하기에 무리가 있다.
		B. 약간 미흡한 목표를 설정하여 감소 목표에 어렵지 않게 도달할 수 있다.
		C. 수금 목표 의욕이 다소 부족하여 감소목표 달성에 어려움이 있다.
		D. 수금 목표에 대한 의욕이 매우 부족하며 감소목표 달성에 어려움이 많다.
	6. 불량률 감소 달성률	S. 100% 이상 달성
		A. 90% 이상 달성
		B. 80% 이상 달성
		C. 70% 이상 달성
		D. 60% 이상 달성
	7. 월별 불량률 감소 실적	S. 100% 이상
		A. 90% 이상
		B. 80% 이상
		C. 70% 이상
		D. 60% 이상

교육 및 컨설팅 안내

인사 노무 분야

NO	교육 및 컨설팅	시간
1	근로계약 실무	4H~12H
2	복무관리 실무	4H~12H
3	4대 보험 관리	4H~12H
4	임금관리 실무	4H~12H
5	비정규직 관리	4H~12H
6	퇴직관리 실무	4H~12H
7	취업규칙 작성	4H~12H

연봉제 분야

NO	교육 및 컨설팅	시간
1	연봉제 도입 실무	3H~6H
2	연봉제 설계 실무	3H~6H
3	연봉제 운용 실무	3H~6H
4	연봉제 규정 작성	3H~ 6H

■ 문의 : 전화 02) 562-4355 팩스 02) 552-2210
www.kofe.kr

코페인스티튜트

[저자 소개]

♣ 양재모

공인노무사
아주대학교 경영학과 졸업
고려대학교 노동대학원 졸업
삼성토탈(주) 인사노무과장 역임
한국생산성본부 강사
한국산업안전관리공단 강사
경기중소기업종합지원센타 강사
현) 한국재정경제연구소 인사노무전문위원
현) 하나로컨설팅노무법인 대표 노무사

(저서)
채용에서 퇴직까지 인사노무임금 체크포인트(코페하우스)

연봉제 실무 체크포인트

발행일	1판1쇄 2006년 2월 5일 발행
	2판1쇄 2009년 10월 20일 발행
저자	양재모
발행인	강석원
발행처	한국재정경제연구소(코페하우스)
출판등록	등록번호 제2-584호, 등록일자 1988.6.1
주소	서울특별시 강남구 대치동 889-5
전화	(02) 562-4355
팩스	(02) 552-2210
메일	book@kofe.kr
웹사이트	www.kofe.kr
ISBN	978-89-93835-04-5 (13320)
값	13,000원